Jörg Dutschke

Schnellkochtopf-Rezept.de

Jörg Dutschke

Schnellkochtopf-Rezept.de

Kochen mit dem Schnellkochtopf ist viel einfacher, als es schwer ist

Bloggingbooks

Impressum/Imprint (nur für Deutschland/only for Germany)
Bibliografische Information der Deutschen Nationalbibliothek: Die Deutsche Nationalbibliothek verzeichnet diese Publikation in der Deutschen Nationalbibliografie; detaillierte bibliografische Daten sind im Internet über http://dnb.d-nb.de abrufbar.

Coverbild: www.ingimage.com

Verlag: Bloggingbooks ist ein Imprint der
Südwestdeutscher Verlag für Hochschulschriften GmbH & Co. KG
Heinrich-Böcking-Str. 6-8, 66121 Saarbrücken, Deutschland
Telefon +49 681 37 20 271-1, Telefax +49 681 37 20 271-0
Email: info@bloggingbooks.de

Herstellung in Deutschland (siehe letzte Seite)
ISBN: 978-3-8417-7061-5

Imprint (only for USA, GB)
Bibliographic information published by the Deutsche Nationalbibliothek: The Deutsche Nationalbibliothek lists this publication in the Deutsche Nationalbibliografie; detailed bibliographic data are available in the Internet at http://dnb.d-nb.de.

Cover image: www.ingimage.com

Publisher: Bloggingbooks
is an imprint of the publishing house
Südwestdeutscher Verlag für Hochschulschriften GmbH & Co. KG
Heinrich-Böcking-Str. 6-8, 66121 Saarbrücken, Deutschland
Phone +49 681 37 20 271-1, Fax +49 681 37 20 271-0
Email: info@bloggingbooks.de

Printed in the U.S.A.
Printed in the U.K. by (see last page)
ISBN: 978-3-8417-7061-5

Inhalt

Vorwort

Einen Schnellkochtopf zu benutzen ist viel einfacher, als es schwer ist. Außerdem ist ein Schnellkochtopf bei richtiger Handhabung absolut ungefährlich. Die wenigen dokumentierten Fälle explodierender Schnellkochtöpfe sind zwar nicht von der Hand zu weisen, erscheinen aber im Vergleich zu versalzenen Essen und angebrannten Suppen sowie den daraus resultierenden Magenproblemen geradezu lächerlich. Dennoch trägt der heutige Schnellkochtopf nach wie vor an seiner Bürde, die ihm seine frühen Vorfahren auferlegt haben: er ist ein schrill pfeifendes, wild fauchendes, lautes Ungetüm, welches sich anschickt die Küche in Schutt und Asche zu legen, sobald man es auch nur ansieht oder aus der hintersten Ecke des Küchenschranks befreit. Vom Benutzen ganz zu Schweigen.

Das ist alles Quatsch, lieber Leser. Die Schnellkochtöpfe der heutigen Generation seufzen und dampfen und zischen zwar nach wie vor, aber sie sind auch mit wirksamen Sicherheitsmechanismen ausgestattet. Ich bin der Überzeugung, dass man schon sehr viel mutwillig falsch machen muss, damit ein Schnellkochtopf Unheil stiftet. Und dann muss noch viel Pech dazu kommen. Zuzüglich eines Kometenabsturzes. Doch dann ist ein ungehorsamer Schnellkochtopf unser geringstes Problem, nicht wahr?

Ich nutze meinen Schnellkochtopf der Firma Fissler jetzt seit gut 6 Jahren. Ich bin an die Sache völlig ruhig herangegangen. Schließlich war ich bereits lange Jahre an den Schnellkochtopf gewöhnt. Meine Eltern besaßen einen alten Schnellkochtopf, der noch so eine niedliche Glocke auf dem Überdruckventil hatte. Der konnte Krach machen! Es erfüllte mich regelmäßig mit Schaudern, wenn ich in die Küche musste, in der ein unter Hochdruck arbeitender Schnellkochtopf brüllte. Es ist jedoch nie etwas passiert. Außer gutes Essen natürlich.

Mein Schnellkochtopf hat außer der Form nicht viel mit dem alten Ungetüm meiner Eltern gemein. Im Laufe der Jahre mehr oder weniger intensiver Nutzung haben wir eine lockere, gemeinschaftliche Beziehung aufgebaut - der Schnellkochtopf und ich. Und obwohl ich sicher kein Meisterkoch bin wissen wir beide, dass wir uns auf einander verlassen können. Wie Profis eben. Mein Fissler Vitavit Premium hat mir viele, viele Eintöpfe in einfachster Art und Weise und mit herausragender Performance beschert. Ich lernte auch, die dazugehörige Schnellbratpfanne für leckere Bratenrezepte zu nutzen. Einige Zeit später fand ich sogar heraus, dass z.B. Pellkartoffeln ein ideales Futter für den Schnellkochtopf sind. Was habe ich mich jahrelang mit Pellkartoffeln gequält. Der Schnellkochtopf ist die ideale Kochmaschine dafür! Ich werde dir erklären, wie das funktioniert und du wirst begeistert sein!

Dazu musst du natürlich erst einmal deine Scheu vor dem gemeinen Schnellkochtopf verlieren. Und ich kann dir dabei helfen …

Ich hatte früher immer wieder fast schon allergische Reaktionen erlebt, wenn ich mutig das Thema Schnellkochtopf aufs Tapet gerollt hatte. Kaum fiel das Wort „Schnellkochtopf“ traten panische Gesichtsausdrücke und Schweißperlen zutage, begleitet von mühsam unterdrückten Fluchtreflexen: “So etwas kommt mir nicht in die Küche!”

“Der Tante des Sohnes vom Enkel meines Frisörs ist mal einer explodiert!”

“Ist so ein Schnellkochtopf nicht ausgesprochen gefährlich und kompliziert in der Benutzung?”

Das sind nur einige vorurteilsbehaftete Kommentare, welche dir sicherlich auch nicht unbekannt sein werden.

Schnellkochtopf-Rezept.de nimmt dir die Angst vor dem Schnellkochtopf. Viele Leser meiner Schnellkochtopf-Seite haben mir geschrieben, dass sie aufgrund der äußerst detaillierten Erklärungen zur Handhabung ihren Schnellkochtopf reanimieren und erfolgreich benutzen konnten. Sie haben ihre Angst vor dem Ungeheuer besiegt und sind nun erfolgreiche Schnellkochtopfenthusiasten. Lies dir also am besten das Kapitel über den Aufbau und die Handhabung des Schnellkochtopfs durch, gehe dabei in dich, lausche und schau, ob danach noch ein Fünkchen Angst in dir zu finden ist. Oder benutze deinen Schnellkochtopf einfach drauf los.

Vielleicht musst du dir aber auch erst einen Schnellkochtopf kaufen? Dann stehst du vermutlich vor der Frage, welchen du dir kaufen sollst. Es ist zwar nicht unbedingt so, dass man die Küchenwelt vor lauter Schnellkochtöpfen nicht sieht, doch sind ein paar Vorüberlegungen bei einem Kauf angebracht. Wie groß soll der Topf sein? Sollte es ein Set oder nur ein Topf sein? Welche Marken gibt es überhaupt?
Bei der Beantwortung dieser Fragen möchte ich dir zur Seite stehen und dir ein paar Tipps mit auf den Shoppingkurs geben.

'Und was kann ich nun mit einem Schnellkochtopf kochen?', wirst du dich fragen. Das ist interessanterweise genau die gleiche Frage, die ich mir zu Beginn meiner Schnellkochtopfnutzung gestellt habe. Inzwischen habe ich einige Sachen ausprobiert. Nicht immer erfolgreich, aber sehr oft sehr lecker. Und weil ich herausgefunden hatte, dass es viel zu wenig Kochrezepte für den Schnellkochtopf im Internet gab, habe ich beschlossen meine Erkenntnisse und Rezepte aufzuschreiben und auf Schnellkochtopf-Rezept.de zu veröffentlichen.

Nun hätte ich dies im Stile der Millionen anderen Kochseiten machen können: die Zutatenliste und dann im stenografischen Stil die einzelnen Tätigkeiten aufführen. Genau das kann ich nicht. Wenn ich mit dem Aufschreiben des leckeren Essens beginne, welches oft gerade noch in meinem Magen herumdümpelt und dessen Geschmack mir noch auf der Zunge liegt, dann kann ich mich einfach nicht kurz fassen. Zu frisch sind die Erinnerungen an die Herstellung des Gerichts, die Fallstricke, welche ich umgehen musste, die Tipps, die mir durch den Kopf gingen und überhaupt das ganze Feeling beim Kochen. Dann schreibe ich einfach drauf los und verliere mich oft in Details. Ich schweife ab und finde nur langsam wieder zur Marschroute des Rezepts zurück. So entstehen Kochrezepte, die gern auch mal ein bis drei A4-Seiten ausgedruckt in Anspruch nehmen.

Überraschenderweise kommt genau diese Weitschweifigkeit bei meinen Lesern sehr gut an. Mir ist sogar ein Leser bekannt, der sich ein Rezept zum Kochen ausdruckt, dieses dann in Ruhe auf dem Sofa liest und sich die kochrelevanten Passagen mit einem Textmarker anstreicht. Eine geniale Lösung. Zumal ich auch weiß, dass er die Unterhaltung durch die Rezeptlektüre zu schätzen weiß. Folglich gibt es absolut keinen Grund für mich, es an detaillierten Beschreibungen der einzelnen Kochtätigkeiten mangeln zu lassen.

Daher ist dies kein Kochbuch, welches durch 56, 112 oder 423 Rezepte für den Schnellkochtopf glänzen kann. Die Rezeptauswahl ist beschränkt auf jene Rezepte, welche ich bereits selbst gekocht habe. Obwohl ich sehr gern koche und darum häufig in der Küche anzutreffen bin, gestattet mir meine Zeit nur eine überschaubare Menge an Kocherlebnissen, welche ich übrigens nicht ausschließlich mit meinem Schnellkochtopf-Set zubringe. Ich probiere mich auch in der herkömmlichen Kochkunst und in der Benutzung des Römertopfs.

Dies hier ist die Sammlung meiner Kochrezepte für den Schnellkochtopf und meiner Tipps und Tricks, welcher ich mich beim Kochen bediene. Die Rezepte wurden mehr oder weniger genauso der Internetseite entnommen und nur leicht überarbeitet. Alle Rezepte sind von mir gekocht worden. Es ist (fast) immer alles aufgegessen worden. Meine Familie ist noch vollzählig.

Ich hoffe, dass ich dich neugierig auf der Schnellkochtopf-Welt und die schnelle Küche gemacht habe. So bleibt mir nur noch dir zu wünschen, dass du mit meinen Rezepten viel Spaß hast und du dich von den Vorzügen des Kochens mit dem

Schnellkochtopf überzeugst. Gutes Gelingen!

Friedrichshafen, 27.06.2012

Jörg Dutschke

PS: Besuche auch die Internetseite zum Buch: **http://www.schnellkochtopf-rezept.de**

(Verdammt, das ist ja das Buch zur Internetseite.)

Du findest mich auch auf Facebook & Co:

Facebook: http://www.facebook.com/ichkochwas.de

Twitter: https://twitter.com/Schnellkochtopf

Über mich und dich und die Frage: Warum solltest du selber kochen?

Eine gute Frage: Warum solltest du selber kochen? Es gibt doch schließlich verdammt viele Gerichte, die fertig zu kaufen sind. Einfach aufreißen, aufschneiden oder aufbrechen – dann mit heißem Leitungswasser verdünnen, in der Mikrowelle bestrahlen, im Ofen fertigbacken. Und gut ist. Es gibt inzwischen kaum etwas, was nicht auf diese Art und Weise des Kochens zusammengestaucht und gemixt wurde. Selbst Rührei-Baguette habe ich in der Tiefkühltruhe gesehen. Für mich der letzte Beweis, dass die Menschheit dem Wahnsinn verfallen ist. Die ganze Menschheit? Nein ….

… es gibt eine nicht wegzudiskutierende Gruppe von Menschen, die sich noch selbst an den Herd stellen. Menschen, die mit flinken Messern, rührenden Küchenmaschinen und schwungvoll geführten Kochlöffeln gar wundersam leckere Speisen auf den Tisch bringen können. Und das schöne ist – diese Randgruppe der menschlichen Zivilisation wächst. Und ich bin ein Teil davon. Und froh darüber! Wirklich!

Und weil du dies hier gerade liest, bist du wohl auf dem besten Weg in unsere Gemeinschaft. Warum sonst, solltest du wohl ein Kochbuch lesen?

Wie ich zum Kochen kam

Vor nicht allzu fernen Zeiten lebte ich noch auf der anderen Seite und bin vermutlich zum Teil Schuld daran, dass die Konserven- und Fertigsuppenindustrie sich so prächtig entwickelt hat. Immerhin war ich eine Art Hauptsponsor; jedenfalls wenn ich an meinen Speiseplan denke. Nudelsuppe machte ich aus Nudeln und Hühnerbrühe aus dem Glas. Ab und zu gab es diese Fertiggerichte, die man in der Mikrowelle nur warm machen musste. Rinderrouladen mit Kartoffelpüree und Rotkohl, fällt mir da spontan ein. Ganz oft gab es dieses TK-Gyros, auf perfide Art und Weise in der Mikrowelle warmgemacht. Igitt. So war ich. Damals, als ich noch jung und verfressen und dick und erfolglos und Single war.

Dann kam die Liebe.

Und ich begann zu kochen. Ich hatte ganz plötzlich das Bedürfnis, diesem ganzen ungesunden, fertigen Zeug abzuschwören. Ich wollte selber kochen. Und ich bekam ein Gefühl dafür, wie leicht es ist, sich selbst eine leckere Mahlzeit zu bereiten. Ein paar Kartoffeln schälen, kochen, zerstampfen und mit Milch verrühren. Salz, Pfeffer und Muskat dazu. Vielleicht noch eine Butterflocke einmassieren. Dazu Pilze oder Frikadellen (selbst gemacht) oder Bratwurst (nicht selbst hergestellt). Ich habe Obstsalat gelernt und mich von einer Schüssel eine Woche lang ernährt. Ich konnte mich diebisch freuen, wenn ich auf dem Markt den halben Oststand leergekauft habe. Ich konnte plötzlich Tomatensalat und Gurkensalat zubereiten und diesen mit einem einfachen Brötchen zusammen als Abendessen genießen. Ich habe Hühner ausgekocht und aus der leckeren Brühe Brühreis oder Nudelsuppe gemacht. Ich erfuhr, wie einfach und unkompliziert Gulasch hergestellt und aus den Resten Gulaschsuppe gekocht wird. So fing ich an zu kochen.

Ich fühlte mich richtig gut dabei und ich nahm ab. Ok – letzteres konnte auch die Folge meines plötzlich erwachten Sportsgeistes sein, den ich in täglichen 40km Radfahren am Abend auslebte. Sehr zu empfehlen, wenn man abnehmen will.

Warum also solltest du – ja DU – selber kochen?

Ich kann dir versprechen, dass selber kochen eine gewisse innere Ruhe bringt, Abstand zum Alltag herstellt und dich in einen Zustand tiefer Befriedigung versetzt. Kochst du selbst und es schmeckt dir was du da fabrizierst hast – dann ist das unbeschreiblich. Genieße das eigene Werk! Und dabei wissen, was drin ist. Obwohl mich das im Detail nie so richtig interessiert hat. Jedenfalls nicht so, wie mir das diese neumodischen Aufklärungsdokus zum Thema Essen immer weismachen wollen. Aber in gewissem Maße spielt dieses Wissen um das innere Wesen deines Essens auch eine Rolle. Immerhin kennst du die Zutaten im Rohzustand und hast sie allesamt eigenhändig in das Essen verwandelt, welches da vor dir steht und dir schmeckt.

Oder auch nicht. Du darfst dir bloß nicht einbilden, dass jedes Essen gelingt. Nein, nein – kulinarische Tiefschläge harren deiner täglich an Schneidebrett und Herd. Aber lass dir eines aus Erfahrung sagen: sie sind selten. Denn mit dem wiederholten selber Kochen kommt Wissen und Weisheit dazu. Du könntest u.U. zu lernen gezwungen sein, dass du Öl nicht unbewacht in einem Topf auf einer heißen Herdplatte stehen lassen solltest. Es brennt herrlich und qualmt dir die Bude zu. Du musst aber in dem Fall wissen, dass du im ersten Moment nur einen Deckel auf dem Topf unterbringen musst und dann die Fenster öffnest, in der Hoffnung, dass der Qualm nicht die Feuerwehr anlockt.

Du möchtest auch nicht lernen was einem Brötchen widerfährt, wenn du es morgens in deiner Kombi-Mikrowelle aufbacken möchtest und vergisst, dass du am Abend vorher auf höchster Mikrowellenstufe Wasser heiß gemacht hast. 4min … in der Zwischenzeit ins Bad … Frisch machen … raus aus dem Bad und eine Wohnung mit Sichtverhältnissen unter 1m vorfinden. Bezauberndes Rauch-Wabern, wenn du durch das Öffnen von Türen und Fenstern für Durchzug sorgst und besorgte Passanten und Mitbewohner vorsichtig nach Rettungskräften fragen. Das absolut Erstaunlichste an dieser Erfahrung ist das unbeschreiblich geringe Gewicht des Brötchens!

Von den zahllosen Gelegenheiten, bei denen du zu viel Salz oder Pfeffer oder Chili zum Würzen verwendest, will ich nicht sprechen. Dies ist … normal! Und es sollte dich keineswegs vom Kochen abschrecken. Dass ich diese selbsterlebten und selbst heraufbeschworenen Küchenkatastrophen hier so erzähle soll dich ermuntern, es selbst zu versuchen. Denn – wenn ärgeres passiert wäre, würde ich jetzt nicht hiersitzen und diese Zeilen tippen, oder?

Rezepte, die du selbst kochen kannst

Also – nur Mut. Lerne deinen Schnellkochtopf bedienen. Stöbere hier in den Rezepten. Ich versuche sie so einfach wie möglich zu beschreiben und ich habe sie alle selbst so gekocht. Ich habe Spaß dabei gehabt. Ich habe mich in der Bewunderung der Mitesser gesuhlt und bescheiden das Haupt gesenkt, wenn sie Lobeshymnen erhoben. Nachdem sie mein Essen gegessen haben! Ich habe feurige Blitze meinen Kritikern zugeworfen, wenn mal wieder "zu viel Salz" dabei war oder zu wenig Essig oder ich auf den Einsatz von Kräutern verzichtet habe. Nur ich wusste nämlich, dass ich nicht auf sie verzichtet sondern sie schlicht und ergreifend vergessen hatte.

Es gibt so viele Gründe, selbst mit dem Kochen anzufangen. Der wichtigste aber ist: Du. Denn selber kochen ist zwar aufwändiger als Fertigfutter warmmachen, aber selber Kochen ist gut für dich und dein Befinden. Probiere es aus.

Schreibe mir, wie du zum Kochen gekommen bist und was dein Lieblingsessen oder dein größter Reinfall gewesen ist.

Der Schnellkochtopf

Der Schnellkochtopf ist für viele Menschen die reinste Höllenmaschine und dem eigenen Nervenkostüm nicht gerade zuträglich. Doch immer mehr Köche, Hobbyköche wie auch Profis, nutzen heutzutage einen Schnellkochtopf.

In diesem Kapitel erläutere ich den Aufbau und die Funktionsweise eines normalen, handelsüblichen Schnellkochtopfs. Du wirst erkennen, dass ein Schnellkochtopf auch nur ein Topf mit einigen kleinen Besonderheiten ist. Das korrekte Verschließen des Schnellkochtopfs wird ebenso ausführlich erläutert, wie das gefahrlose Öffnen. Letzteres ist der Teil einer schnellen Kochsession, welcher wohl den meisten Schrecken verbreitet. Zu Unrecht, wie du feststellen wirst.

Anhand eines praktischen Kochvorgangs wirst du in die Besonderheiten der Allgemeinen Schnellkochtopf-Lehre eingeführt. Das klingt so wahnsinnig trocken, dass wir zum Ausgleich ein einfaches Rezept kochen werden: Wasser. Wasser ist ein sehr geduldiges Medium, wenn es um erste Schritte beim Kochen geht. Außerdem entfällt das nervige Gemüseputzen, Würzen Abschmecken usw. Du kannst dich voll und ganz auf den Schnellkochtopf konzentrieren und ihn genau kennenlernen.

Der Schnellkochtopf-Aufbau

Ich möchte den Aufbau anhand des **Fissler Schnellkochtopf-Topfset Vitavit Royal** erklären, dem Schnellkochtopf-Set, welches ich mein eigen nennen kann.

Nähern wir uns behutsam diesem delikaten Thema und beginnen wir mit dem Begriff

“Schnellkochtopf”.

Das ein Schnellkochtopf was mit Dampf zu tun haben muss, können wir bereits präzise aus der Annahme herleiten, dass der Schnellkochtopf oftmals auch als Dampfkochtopf bezeichnet wird. Außerdem spielt das Thema Druck eine große Rolle. Bei Dampf und Topf fällt mir immer die Feuerzangenbowle ein: „die Dampfmaschin““ vom Lehrer Bommel.

Ganz grob betrachtet besteht ein Schnellkochtopf aus

- einem geschlossenen Loch auf der Unterseite
- einem metallenen Rohr
- einem offenen Loch auf der Oberseite
- einem speziellen Schnellkochtopf-Deckel

Das geschlossene Loch ist beim Schnellkochtopf - wie auch bei jedem anderen Kochtopf unten und wird als Topfboden bezeichnet. Also da, wo die Energie des Cerankochfeldes hinströmt oder bei Gasherden das Feuer drunter lodert.

Von diesem unteren Nichtloch aus zieht sich ein kurzes Rohr nach oben. Das Rohr ist in 100% der Fälle aus Metall. Vielleicht weil Papier geringfügig weniger stabil als Metall ist. Wer weiß das schon so genau .... Dieses Stück Schnellkochtopf ist eigentlich auch völlig uninteressant und tut für das Verständnis dieses Wunderwerks nichts zur Sache.

Das obere, offene Loch des Schnellkochtopfs dient – volkstümlich ausgedrückt – simplen Beladevorgängen. Schnellkochtöpfe werden durch diese Öffnung sehr oft mit verschiedenen Gütern beladen: Fleisch, Gemüse, Nudeln, Reis etc. Dafür ist dieses Loch sehr praktisch. Fast hätte ich Wasser als Ladung vergessen, weshalb ich dies nun nachhole.

Wenn du dir den oberen Rand des Schnellkochtopfs betrachtest erkennst du so eine ulkige Krempe, die aber nicht durchgängig ist. Wie bei einem Hut ist die Krempe "außen" am Rand. Nicht wie bei einem Hut hat die Krempe "Lücken" und erfüllt einen ganz tollen Zweck, zu dem ich nun kommen möchte.

Der absolute Clou ist nämlich der Schnellkochtopf-Deckel! Beim näheren Inspizieren des Deckels fallen dir sicher ein paar merkwürdige Abweichungen auf, die den Schnellkochtopf-Deckel vom gemeinen Topfdeckel unterscheiden. Sie haben eine nach innen gestülpte Krempe, welche auch nicht durchgängig ist; wie beim Schnellkochtopf. Und genau an den gleichen Stellen wie beim Schnellkochtopf! Das erschwert ein normales Topfdeckeln ungemein bzw. erfordert Unmengen an Mehrkraft, um den Schnellkochtopf trotzdem zu schließen. Ich habe noch nie gesehen, wie das einer geschafft hat.

Der Witz ist, dass der Deckel leicht versetzt auf dem Topf aufgebracht und durch eine Drehbewegung auf dem Topf arretiert wird. Solltest du dich nun berechtigterweise fragen, warum zum Geier man einen Kochtopf auf eine so hirnrissige Art und Weise bedeckeln sollte ... Gedulde dich noch einen Moment. Dazu komme ich später.

Ein weiterer Unterschied zum herkömmlichen Topfdeckel besteht darin, dass der Schnellkochtopf-Deckel in der Mitte ein Loch hat. Durch dieses Loch steckt der Schnellkochtopf-Koch sehr oft ein "Ding" mit Gewinde und schraubt dies am Deckel an. Das Ding ist ein Überdruckventil. Warum das so heißt und wozu um Himmelswillen ein Topfdeckel ein Überdruckventil braucht, erfährst du in Teil zwei dieser nervenzerfetzenden Erklärung des Schnellkochtopf-Prinzips.

Noch etwas zeichnet den Schnellkochtopfdeckel aus. Erinnerst du dich an die komische "Krempe" an der Innenseite des äußeren Randes des Deckels? Neben der Arretierung erfüllt diese Sache noch einen weiteren Zweck: die Aufnahme eines Gummis! Keines normalen Gummis, sondern eines Dichtungsgummis! Der Gummi ist nicht nur dazu da, um da zu sein, sondern erfüllt auch eine Aufgabe, die für die Funktionsweise des Schnellkochtopfs unabdingbar ist.

Auf eine Gemeinsamkeit von Schnellkochtopf-Topf und Schnellkochtopfdeckel möchte ich dich noch aufmerksam machen: Beide Teile haben einen normalerweise einen langen Griff; der Schnellkochtopf-Topf noch einen kleineren Griff, der genau gegenüber des langen Griffs sitzt. Sehr mysteriös das Ganze. Und nicht planetenweit standardisiert: manche Schnellkochtopffabrikate haben den langen Griff auf dem Deckel, anstatt wie gewohnt an der Seite.[1]

Kannst du mir noch folgen? Hast du den Schnellkochtopf-Aufbau verinnerlicht? Fragst du dich was es mit diesen ganzen Details auf sich hat?

Dann lies nun, wie du einen Schnellkochtopf öffnest und schließt oder besser andersherum.

Das Schließen eines Schnellkochtopfs

Wie bringst du nun Schnellkochtopf und -Deckel dazu zusammenzuspielen und wozu sind all die komischen Merkwürdigkeiten des Aufbaus eines Schnellkochtopfs gut?

Begeben wir uns auf einen kleinen praktischen Exkurs in die Welt deines

[1]Tefal, zum Beispiel, ist inzwischen dazu übergegangen einen Deckel zu verwenden, der mit einer Hand zu bedienen ist! Auf den Tefal-Schnellkochtopf passt diese ganze Erläuterung daher überhaupt nicht. Du findest aber Wissenswertes dazu auf http://www.schnellkochtopf-rezept.de.)

Schnellkochtopfs. Du kannst das entweder vor deinem geistigen Auge mitspielen oder doch gleich mit dem Topf praktizieren. (Wenn du noch keinen hast, solltest du dir schnell einen besorgen. Empfehlungen und Marktübersichten gibt's auf meinem Blog!)

Zunächst fülle mal den Schnellkochtopf zur Hälfte mit Wasser. Einfach nur Wasser reicht für den Anfang. Viele Schnellkochtöpfe haben auf der Innenwand eine Markierung, die oft bei ca. zwei Dritteln des Fassungsvermögens angebracht ist. Das ist der maximale Füllstand, den dein Schnellkochtopf verkraftet und du solltest dich daran halten.

Sofern dein Schnellkochtopfdeckel über ein Loch für das Überdruckventil verfügt, setze dieses gemäß Gebrauchsanleitung ein. Beim Fissler Vitavit löst man die Mutter vom Ventileinsatz, steckt dieses von der Deckeloberseite durch das Loch und schraubt es mit der Mutter am Deckel fest. Du brauchst kein Werkzeug dafür! Es reicht wenn du die Mutter handfest andrehst. Das ist absolut geschlechtsneutral! Das Ventil sollte nur nicht in dem Deckelloch herumschlackern, sondern einfach nur fest sitzen. Ok?

Machen wir uns ans Schließen des Deckels.

Wie ich bereits erklärte unterscheidet sich die Deckelung eines Schnellkochtopfs grundlegend von der eines gemeinen Kochtopfs. Betrachten wir noch einmal den Deckel und den Topf. Normalerweise würde man davon ausgehen, dass man den Deckel so auf den Topf legt, dass die Griffe genau übereinander stehen. Probiere das mal aus. Beobachte genau wie der Deckel auf dem Topf liegt und beurteile, ob das dicht ist. (Ob der Schreiber dieser Beschreibung noch ganz dicht ist soll an dieser Stelle nicht erörtert werden.) Du wirst unschwer feststellen, dass Deckel und Topf nicht dicht sind. Wie soll da nun Druck aufgebaut werden?

Fummele mal bitte den mitgelieferten Gummiring in den Deckel ein. Dabei kannst du nicht viel falsch machen. Die Form des Deckels sowie die Form des

Dichtungsgummis machen es dir sehr einfach, dieses zweiteilige Puzzle schnell zu lösen.

Lege zur Kontrolle den Deckel wieder so auf den Topf, dass die Griffe des Deckels und des Topfes übereinander liegen. Du stellst sicher fest, dass es mit der Dichtheit des Topf-Deckel-Systems noch immer nicht so weit her ist.
Indem du den Deckelgriff leicht nach rechts drehst (im Vergleich zum Topfgriff) passen die lückenhaften Krempen von Deckel und Topf schlagartig zusammen, wie zwei Puzzleteile. Der Deckel rutscht plötzlich in die Topfkrempenlücke. Durch eine leichte Bewegung des Deckels nach links bringst du die die Deckel- und Topfgriffe genau passend übereinander. Der Deckel schnappt mit einem zufriedenen Klacken ein. Es ist geschafft. Das System "Schnellkochtopf" ist dicht.

Das war doch gar nicht so schwer, nicht wahr? Aber zum Üben ist die Zeit noch nicht gekommen. Klären wir zunächst, was wir mit dem Schließen des Schnellkochtopfs bewirken.

Es kommt jetzt quasi die erste Praxis und du kochst das erste Mal mit dem Schnellkochtopf. Du kochst Wasser! Schalte den Herd unter dem Schnellkochtopf ein und entlocke der Herdplatte die maximale Feuerkraft.

So funktioniert der geschlossene Schnellkochtopf

Durch das Übereinander bringen der Deckel-Topf-Griffe ist der Deckel an den Topf gefesselt und kann nicht nach oben das Weite suchen. Wenn es nämlich im Inneren des Schnellkochtopfs zu kochen anfängt, kann der entstehende Dampf nicht weg. Es wird Druck im Schnellkochtopfsystem aufgebaut. Wenn es in einem Topf kocht entwickelt jeder Deckel normalerweise ein gewisses Fluchtverhalten. Bei einem gemeinen Topf lässt sich das immer wieder gut beobachten. Nämlich dann, wenn bspw. die Suppe im Topf immer "größer" wird und den Deckel anhebt, um sich dann über den Topfrand auf den Herd zu ergießen. Der Koch spricht dann von "einer mordsmäßigen Sauerei" und beginnt zu fluchen.

Das kann dem Schnellkochtopf-Deckel nicht passieren.

So ganz dicht ist das Schnellkochtopf-System jedoch nicht. Es gibt immer gewisse Schlupflöcher zwischen Topf und Deckel. Druck ist sehr dünn und kann durch die kleinsten Ritzen aus Gefäßen krabbeln. Das ist ein unschönes Verhalten vom Druck. Hier kommt der Dichtungsring ins Spiel. Dieser liegt im Inneren des Deckels und besteht je wie bereits erläutert aus Gummi. Und Gummi ist ein mächtig dehnbares Zeug.

Wenn also durch stetige Hitzezufuhr im geschlossenen Schnellkochtopf Druck aufgebaut wird, dehnt sich der Dichtungsgummi aus und … schließt die Schlupflöcher. Der Druck ist im Schnellkochtopf gefangen und wird immer größer und größer und … drückt einen kleinen Bolzen aus dem Schnellkochtopfdeckellochüberdruckventil. Zunächst erscheint ein Markierungsring an dem Bolzen. Der Schnellkochtopf hat nun die Schongarstufe erreicht. Du heizt aber weiter, ok? Kurze Zeit später ist der Bolzen soweit aus dem Regler herausgekrochen, dass der zweite Markierungsring sichtbar wird. Jetzt hast du die zweite Garstufe erklommen. Mehr geht nicht. Wenn du jetzt weiterhin munter Energie in den Schnellkochtopf pumpst wird der Druck schließlich tosend und lärmend durch das Überdruckventil im Schnellkochtopfdeckel entweichen.

Das ist der Moment, vor dem viele Outsider und frischgebackene Schnellkochtopf-Premierenköche richtige Angst haben und ihnen kalte Schauer über die Epidermis rennen - selbst wenn sie mehrere Meter und Wände von dem herumkrakelenden

Ungeheuer in der Küche entfernt sind. Denn so ein Überdruckventil funktioniert im Grunde wie eine Trillerpfeife: es macht einen Höllenlärm. Manchmal erinnert das schrille Pfeifen an das Starten eines Kampfjets direkt in der Küche. Auch dem mutigsten Koch beschleichen leise Zweifel, ob er das lärmende Ungetüm im Zaume halten kann. Dabei ist das ganz einfach. Nur Mut! Geh zum Herd und fahre die Energiezufuhr herunter. (Bei meinen Ceranfeld heißt das: mit maximaler Stufe 9 erzeuge ich den Druck. Stufe 3 ist dann genau das Mittelmaß, um die erreichte Garstufe zu halten.)

Zunächst tut sich gar nichts. Es pfeift grässlich laut weiter, anwesende Mitköche müssen zur schreienden Rezept-Verständigung übergehen, und weniger harte Menschen suchen das Weite. Doch durch das Drosseln der Energie beruhigt sich nach geraumer Zeit auch der Druck im Inneren des Schnellkochtopfs wieder. Für das Überdruckventil gibt es weniger zu tun und schließlich pfiffelt der Schnellkochtopf bescheiden weiter. Wie ein Kampfjetbaby. Turbinen im Leerlauf, Herr General!

In diesem Stadium dürftest du den Schnellkochtopf für die zum Garen notwendigen Minuten ruhig allein lassen. Er ist voll und ganz mit garen und pfiffeln beschäftigt. Ein pflegeleichtes Instrument.

Wenn dann die Zeit zum Beenden des Kochvorgangs gekommen ist, musst du erneut allen Mut zusammennehmen zum Schnellkochtopf gehen und die Energiezufuhr des Herdes abschalten.

Ich denke, dass du das Wasser jetzt genug „gegart“ hast. Schalte also den Herd aus.
Ab jetzt beginnt der Schnellkochtopf mit dem Druckausgleich. Der Überdruck im Inneren des Topfes wird abgebaut und erst wenn sich der ganze Druck verkrümelt hat, dann darfst du den Schnellkochtopf wieder öffnen.
Und wie das gefahrlos geht, erfährst du im nächsten Abschnitt:
Wie öffnet man einen zum Platzen gefährlichen Schnellkochtopf, überlebt dabei und

muss nicht hinterher die Küche renovieren?

Das Öffnen eines Schnellkochtopfs

Du hast es fast geschafft. Der Schnellkochtopf pfeift oder röchelt noch immer unbeirrt vor sich hin und dir schwant, dass ein überstürztes Öffnen des Schnellkochtopfs zu ungeahnten Schweinereien an der Küche und dir selbst führen würde. Damit liegst du gar nicht so verkehrt.

Was passiert, wenn man einen unter Druck stehenden Behälter – ein Schnellkochtopf in Betrieb ist genaugenommen genau so etwas – plötzlich öffnet? Na? Genau. Es ist salopp gesagt unschön. Der Druck ist mächtig sauer, weil er da so in der viel zu engen Kiste ausharren musste und macht sich zu allen Seiten erst einmal richtig Luft. Dabei entfaltet selbst der gemeinste Druck ein nicht zu unterschätzendes Zerstörungspotential, welches vor toter Materie ebenso wenig halt macht, wie vor lebender. Daher der Ausdruck: blindwütig! Tippe ich mal.
Diesen Ausbruch gefährlicher Kräfte gepaart mit kakophonischen Disharmonien gilt es zu verhindern.

Genau das haben sich die Hersteller von Schnellkochtöpfen auch gedacht und ein System entwickelt, welches das Öffnen des Schnellkochtopfs verhindert, wenn noch Druck auf dem Kessel ist. Cool, oder? Ich bin mir nicht sicher, aber ich glaube jeder Schnellkochtopf der heutigen Generation verfügt über diese Art von Schutzmechanismus.

Vergiss also die ersten beiden Absätze dieses Kapitels, die dir nur Angst machen sollten. Oder Respekt einflößen. (Das ist mir doch gelungen, oder? Ich habe extra grausig-kraftvolle Worte benutzt.)

Der erste Schritt zum erfolgreichen Öffnen eines Schnellkochtopfs besteht darin, die Energiezufuhr an der Unterseite zu kappen. Mit anderen Worten: Mach die Kochplatte aus. Dreh den (Gas)Hahn zu. Zieh das Stromkabel. Letztlich ist es egal was du tust, es darf lediglich keine Wärme mehr zum Schnellkochtopf gelangen.

Dies interessiert den Schnellkochtopf aber erst mal gar nicht. Denn im Inneren des Schnellkochtopfs herrscht immer noch eine ziemlich drückende Atmosphäre.

Der Druck entweicht weiterhin durch das Überdruckventil. Den Gesetzen der Physik folgend findet ein Druckausgleich zwischen dem Inneren des Schnellkochtopfs und seiner Umgebung statt: also genaugenommen deiner Küche, deinem Haus, deiner Stadt, deinem Planeten. Und das braucht seine Zeit, denn es gibt recht wenige Öffnungen durch welche der Druckausgleich stattfinden kann. Immerhin haben wir ja vor dem Kochen dafür gesorgt, dass nirgends Druck einfach so entweichen kann.

Wenn du viel Zeit hast, dann überlasse den Schnellkochtopf sich selbst und gehe spazieren oder ins Kino oder schau in ein Buch. Ich kann dir leider auch keine exakte Zeit angeben, die der Schnellkochtopf braucht, um all seinen Druck abzulassen. Ich kann aber definitiv sagen, dass der Schnellkochtopf ohne Unterstützung ein gerüttelt Maß an Zeit dafür braucht.

Mein Vitavit braucht ca. 7 – 10min, um von Volllast wieder „runterzukommen".

Du kannst natürlich etwas nachhelfen.

Wenn Du Mut hast.

Du bist doch mutig oder?

Am Griff des Schnellkochtopfdeckels befindet sich so ein Schieber. Wenn Du den Griff umfasst kommt quasi automatisch der Daumen genau darauf zu liegen. Das gilt interessanterweise für Rechtshänder wie auch für Linkshänder, womit wieder einmal bewiesen ist, dass die Unterschiede zwischen Rechtshändern und Linkshändern gar nicht so gravierend sind. Aber ich schweife ab.

Der Daumen ruht also ruhig – oder ein wenig zitterig – auf diesem ominösen Schieberteil. Drücke den Schieber ein wenig nach vorn. HAH! Das zischt sehr, sehr laut und eine Wolke sehr, sehr heißen Dampfes entweicht dem Überdruckventil. Das ist der Moment wo viele unerfahrene Schnellkochtopfköche panisch die Hand wegziehen und sich erst einmal bei einem Gläschen Rotwein von dem Schrecken erholen müssen. Mit viel Glück hast du den Topf stehen lassen und nicht vom Herd geschmissen dabei. Ich weiß nicht was passiert, wenn du den „geladenen" Schnellkochtopf auf diese tollpatschige Art und Weise vom Herd beförderst, aber ich stelle es mir nicht besonders schön vor.

Was passiert? In dem du den Schieber nach vorn schiebst, öffnest du das Druckausgleichsventil ein wenig mehr als normal und diese Chance lässt sich der Druck nicht entgehen. Da die Öffnung recht klein ist, kommt wieder das herkömmliche Pfeifenprinzip zur Anwendung und es pfeift. Schrill!
Ich gebe zu, dass man hier erst im Laufe der Zeit ein gewisses Feingefühl entwickelt. Was du auf jeden Fall vermeiden solltest ist, den Schieber sofort bis GANZ nach vorn zu schieben. TU DAS NICHT! Was du zu Felde führen solltest ist eines: Geduld und unerschütterlicher Glaube an die Sache. Moment – das sind zwei, aber egal.

Gehe weiter wie folgt vor, um den Druckaufbau in einer zumutbaren Zeit und unter Abwendung jeglichen Gefahrenpotentials zu bewältigen:

1. Drücke den Schieber ein bisschen nach vorn, genieße das Zischen und lasse dann

den Schieber wieder los.

2. Warte zwei, drei Sekunden
3. Gehe zu Punkt 1. dieser Liste.

Du wirst beim Abarbeiten dieser Punkte schnell merken, dass du den Schieber immer weiter nach vorn schieben kannst. Immer ein kleines bisschen mehr. So nach und nach. Ganz sachte. Mit viel Gefühl!

Das geht so lange bis kein Druck mehr im Schnellkochtopf ist. Mach dir sich nichts daraus, wenn hin und wieder Wasser aus dem Ventil schießt. Das ist normal und bedeutet nicht, dass irgendetwas schief läuft. Wenn es dir nicht geheuer ist oder du ob der Menge an entweichendem Wasser beunruhigt bist: lasse den Schieber einfach los. Sofort schweigt der Schnellkochtopf wieder vor sich hin.

Wie gesagt ist alles so lange sehr ungefährlich, wie du nicht versuchst, den Schnellkochtopf mit aller Gewalt aufzudrücken, jedoch musst du ihn auch nicht wie ein rohes Ei behandeln.

Irgendwann schiebst du den Schieber bis ganz nach vorn und …. es klackt im Deckel! Das hörst du und das fühlst du, wenn du die Hand gerade am Griff hast.

Du hast es geschafft. Das ist der Moment auf den wir so konzentriert hingearbeitet haben. Mit diesem selbstbewussten Klacken gibt dir der Schnellkochtopf zu verstehen, das kein Druck mehr in seinem Inneren wütet und er gefahrlos geöffnet werden kann.

Dies tust du durch ein leichtes drehen des Schnellkochtopfdeckelgriffs nach rechts.

Es ist immer wieder ein berauschendes Gefühl, wenn man als Koch an diesem Punkt angekommen ist. Oft nimmt sich der Held des Herdes das Küchentuch zur Hand und wischt sich den Schweiß von der Stirn, die bewundernden Blicke der Familie, welche mitgefiebert hat im Rücken spürend. Ok – jetzt übertreibe ich ausnahmsweise mal ein wenig. Eigentlich dauert das Öffnen des Schnellkochtopfs trotz der tatkräftigen Unterstützung immer viel zu lange und es kommt nicht selten vor, dass dem Koch im Angesicht des Sieges ein "Wann gibt's endlich was zu futtern?" entgegenschallt.

Doch darüber sind wir Schnellkochtopf-Köche erhaben. Da stehen wir drüber. Wir sind die Meister des Druckaufbaus und -ausgleichs. Die heldenhaften Bezwinger eines lauten, hustenden, liebenswerten Ungetüms namens Schnellkochtopf.

Und wenn du beim Füllen des Schnellkochtopfs alles richtig gemacht hast, dann wirst du mit einem schmackhaften Mahl belohnt. Und nicht mit einem Haufen heißen Wassers!

Damit ist die Funktionsweise eines Schnellkochtopfs erklärt. Du kannst jetzt einen Schnellkochtopf verschließen. Du weißt, dass du vor jedem Kochvorgang mit deinem Schnellkochtopf einen Dichtungsring in den Deckel legen und ein Überdruckventil am Deckel befestigen musst. Du hast gelernt, wie du den Schnellkochtopf korrekt verschließt und später wieder öffnest. Du bist in das Ritual des „geduldigen“ wie auch des „ungeduldigen“ Öffnens eingeweiht.

Du kannst nun mit dem Kochen im Schnellkochtopf beginnen.

Räumen wir vielleicht noch mit dem Scheckgespenst des Schnellkochtopfs auf.

Wenn ein Schnellkochtopf explodiert, oder: Was kann zu einer Schnellkochtopf-Explosion führen?

Hilfe – mein Schnellkochtopf ist explodiert.

Nein – keine Bange. Mein Fissler Vitavit erfreut sich noch bester Gesundheit Funktionalität. Aber höre ich vielen Mitmenschen so zu wenn es um das Thema Schnellkochtopf geht, dann ist der obige Satz wohl das Schreckensszenario schlechthin. Immerhin ist dieser Schnellkochtopf die reinste Höllenmaschine. Steht da normalerweise auf dem Herd und pfeift und zischt wie ein schlechtgeölter Düsenjet. Ich kenne wenige Menschen, die Düsenflugzeuge in der Küche attraktiv finden.

Das ein Schnellkochtopf Krach macht ist erwiesen. Das ein Schnellkochtopf in die Luft fliegen kann – auch. Aber ... und jetzt kommt's ... ein Schnellkochtopf fliegt nicht so mir nichts dir nichts in der Küche herum, sondern kann dies nur im Falle grober Fahrlässigkeit des Kochs umsetzen.

Was passiert, wenn ein Schnellkochtopf explodiert?

Hier muss ich zunächst einmal einen verbreiteten Irrtum aufklären: Schnellkochtöpfe explodieren nicht häufig – sie tun das im Gegenteil nur sehr, sehr selten. So selten, dass ich vergeblich nach einem dokumentierten Fall einer Schnellkochtopf-Explosion im Sinne des Wortes „Explosion" gefahndet habe.

Wenn etwas „explodiert", dann zerfetzt es regelrecht das Gefäß, in welchem das explosive Gemisch wohnt. Ein Schnellkochtopf bildet da keine Ausnahme, ist er doch auch ein Gefäß. Wie gesagt – ich habe nie darüber gelesen.

Damit hat sich der explosive Stoff auch schon erledigt und wir kommen zu einem weit häufigeren unangenehmen Thema. Wobei "häufiger" in Relation zu sehr, sehr selten immer noch sehr selten ist!

Was also noch passieren kann ist folgendes: der Schnellkochtopfdeckel springt vom Topf und dein Essen wird spontan an der Küchendecke serviert. Was du dann daraus machst ist deine Sache. Es gibt nicht viele Menschen, die Essen an der Decke (oder Dunstabzugshaube) kulinarisch anregend finden.

Der Grund, dass der Topfinhalt gegen die Decke schießt, ist folgender (Vorsicht, es wird physikalisch!):

> *Durch den Überdruck in einem Schnellkochtopf wird der Siedepunkt ein paar Grad über den Atmosphärendruck gehoben. Wenn jetzt durch Unachtsamkeit des Kochs beim Schließen des Schnellkochtopfs der Deckel vom Topf springt, herrscht plötzlich über dem Essen normaler Atmosphärendruck. Dazu liegt die Temperatur des Essens ein paar Grad über dem Siedepunkt für diesen „normalen Atmosphärendruck“. Jetzt wird innerhalb kürzester Zeit ein Großteil der Flüssigkeit im Topf gasförmig. Dies führt zu einer großen Volumenzunahme. Dadurch entsteht eine Gasblase, die schließlich reißt und die eingeschlossenen festen und noch flüssigen Bestandteile mit sich schiebt.*
>
> *Nach unten geht nichts, da der Boden geschlossen ist. Nach links und rechts auch nicht, weil da die Schnellkochtopfwand ist. Der einzige Weg für das Gas mitsamt den anderen Bestandteilen deines Essens “startet“ nach oben.*
>
> *Dieses Phänomen nennt sich Siedeverzug (das Sieden wird verzögert, wodurch Energie angestaut wird, die dann plötzlich frei wird).*

Es klingt zugegebenermaßen ziemlich spannend, zählt aber meiner Meinung nach zu den Experimenten, die man nicht so gern selbst durchführt.

Damit hätten wir das Thema abgehandelt. Wenn im Folgenden noch von "explodieren" die Schreibe ist, weißt du das nun einzuordnen und zu relativieren.

Welche Fehler können denn dazu führen, dass ein Schnellkochtopf explodiert?
Der einfachste Weg einen Schnellkochtopf explodieren zu lassen ist, den Deckel nicht korrekt zu schließen. Allerdings will mir einfach nicht in den Kopf wie das gehen soll. So einen Schnellkochtopf zu schließen ist wahrlich kein Buch mit sieben Siegeln. Der Deckel rastet bei vielen Schnellkochtöpfen mit einem selbstbewussten Klacken ein. Kein Klacken – Schnellkochtopf nicht geschlossen.

Neben diesem akustischen Feedback gibt es noch visuelle Kontrollmöglichkeiten.

Schnellkochtopf und Schnellkochtopfdeckel haben Griffe. Das hat sich so durchgesetzt. Vielleicht weil frühe Schnellkochtopferfinder sich immer die Flossen an dem Teil verbrannt haben. Wer weiß ... Wenn man den Schnellkochtopf schließt, dann führt diese Schließbewegung dazu, dass die Griffe von Topf und Deckel letztlich übereinander liegen. Tun sie das nicht, ist der Schnellkochtopf nicht geschlossen. Total einfach! Genauso einfach sollte dieses Schließen von statten gehen. Wenn du den Deckel partout nicht auf den Schnellkochtopf bekommst, wenn du bereits an die Anwendung roher Gewalt denkst – dann halte inne und prüfe, ob du den Deckel nicht vielleicht verkantest. In seltenen Fällen könntest du sogar versuchen, den Deckel verkehrt herum auf den Schnellkochtopf zu arretieren. Aber daran glaube ich nicht ernsthaft.

Eine weitere Möglichkeit deinen Schnellkochtopf über kurz oder lang ins kulinarische Nirwana zu schicken ist: mangelnde Pflege. Da dieses Thema noch Stoff für einen separaten Artikel liefert, werde ich nur kurz auf einen wesentlichen Punkt eingehen.

Das Überdruckventil gehört zweifellos zu den Hauptsicherheitsmerkmalen eines

Schnellkochtopfs. Wenn im Inneren die Hölle an Druck erzeugt wird, sorgt das Überdruckventil vom Schnellkochtopf dafür, dass der Druck nicht zu übermächtig wird.
Ist ein Schnellkochtopf so richtig am Arbeiten, dann dauert es eine Weile bis genügend Energie im Topf steckt. Der Inhalt wird erhitzt, die Hitze kann nirgendwo hin und so baut sich Druck im Inneren des Schnellkochtopfs auf. Dieser Druck führt nach einiger Zeit zum absoluten Schließen des Schnellkochtopfs. Man bemerkt dies ganz einfach: Anfangs zischelt der Schnellkochtopf noch herum und plötzlich wird's still. Der Schnellkochtopf ist für kurze Zeit sprachlos. Ein Stöpsel erscheint da wo das Ventil ist und schiebt sich immer weiter nach oben. Wenn der maximale Hubraum erreicht ist – was gleichbedeutend mit Überdruck ist – öffnet sich das Überdruckventil und der überschüssige Druck entweicht. Das hast du in den vorherigen Abschnitten bereits gelernt.

Ist das Überdruckventil defekt oder einfach nur versifft und dreckig, weiß das Ventil unter Umständen nicht, was Überdruck ist und wundert sich nur still und leise über den mächtigen Druck, denkt aber nicht im Leben daran etwas dagegen zu unternehmen. Diese Ignoranz kann in seltensten Fällen dazu führen, dass der Schnellkochtopf explodiert. Dazu muss er aber kleine Ewigkeiten unter Volllast laufen. Diese Ewigkeit ist auf jeden Fall länger, als du das nagende Hungergefühl oder den mörderischen Krach in der Küche ignorieren kannst. Außerdem wirft sich das Sicherheitsventil des Schnellkochtopfs helfend in die Bresche.

Moderne Schnellkochtöpfe verfügen über ein drei- bis fünfstufiges Sicherheitssystem. Eine Stufe ist das Überdruckventil.

Zum Thema „explodierender Schnellkochtopf" können wir also zusammenfassen:

- Ein Schnellkochtopf explodiert nicht.

- Maximal kommt es zu Siedeverzug (Dein Schnellkochtopfessen legt einen Raketenstart hin.)
- Punkt 1 und 2 sind äußerst selten oder nur durch fahrlässige Unachtsamkeit bzw. Dummheit zu schaffen. Oder mit Billigfabrikaten aus dunklen Schnellkochtopfschmieden.
- Schnellkochtöpfe haben ein mehrstufiges Sicherheitssystem, welches vor leichten Dummheiten schützt.

Aus sicherheitstechnischer Sicht spricht gar nichts gegen die Nutzung eines Schnellkochtopfs in Ihrer Küche.

Überzeugt?

Wie viel Wasser trinkt ein Schnellkochtopf?

Immer wenn ich bspw. Kartoffeln im Schnellkochtopf koche bin ich erstaunt, wie wenig Wasser ich dafür benötige. Mehr als eine Tasse vom Typ "Kaffeetopf" schütte ich nämlich nie dazu. Das Irre an der Sache ist, dass ich das Wasser nicht sehe wenn das Kochgut im Schnellkochtopf seiner Garung harrt. So wenig ist das!

Traditionell wird in normalen Töpfen so gekocht: Im Topf lümmelt das Gemüse/Fleisch herum und muss mindestens mit Wasser bedeckt sein. Dieses Bild hat sich wohl aus Kindheitstagen in meinem Hirn festgesetzt. Mutter hat Kartoffeln geschält, gewaschen, etwas zerkleinert und dann im großen Kochtopf drapiert. Anschließend wurde der Kochtopf so weit geflutet, dass die Kartoffeln unter der Wasseroberfläche lagerten und nur hier und da ein kleiner Kartoffelzipfel aus dem Wasser ragte. Wie ein kleiner Eisberg sozusagen. Dann wurde ein Deckel darauf gesetzt (auf den Topf!) und viele Minuten später hastete meine Mutter in die Küche, weil lautes Zischen die Geburt eines Geysirs verkündete.

Dieser Vorgang ist stets von Fluchen begleitet, weil der Herd in diesen Fällen immer versaut wurde. Obwohl das in keinem Rezept steht. (Außer bei mir vielleicht.) Jedenfalls ist das immer eine gehörige Menge Wasser gewesen, die da zum Kochen draufging.

Wie angenehm ist da doch das Kochen mit dem Schnellkochtopf. Gut – die Hersteller sagen immer, dass der Schnellkochtopf nur bis maximal 2/3 (in Worten: zwei Drittel) mit Wasser gefüllt werden soll. Aber das gilt eigentlich nur für die Herstellung von Suppen und Eintöpfen. Differenzieren muss der Schnellkochtopf-Koch noch nach der Art des Gemüses! Erbsen und Bohnen zum Beispiel produzieren eine gehörige Menge "Schaum", der im Schnellkochtopf Platz braucht. Linsen auch. Wobei Linsen ein eigenes Thema sind, wie ich leidvoll erfahren musste.[2]

Zum reinen Garen von Gemüse braucht's viel, viel weniger Wasser. Das Coole am Garen im Schnellkochtopf ist der Einsatz des sogenannten Einsatzes. Ein bescheuerter Satz – ich weiß – aber bei vielen Schnellkochtopf-Herstellern heißt das Teil eben Einsatz. Oder Dreibein. Wobei ich den Namen noch bescheuerter finde. Versenkt man den dreibeinigen Gareinsatz im Schnellkochtopf und kippt das Gemüse/Fleisch auf den Einsatz, so hat es noch einiges an Platz zum Boden. Je nach Schnellkochtopfgröße passen dann sicher 250ml Wasser drunter. Ein viertel Liter also. Und mehr braucht es auch nicht.

Das Wasser erhitzt sich bei steter Wärmezufuhr, verdampft und innerhalb des Schnellkochtopfsystems wird der Dampf noch heißer und … gart das Gemüse. Dabei kommt das Gemüse nicht mit dem Wasser in Berührung – sondern nur mit dem

---

[2]Siehe Rezept „Angebrannt: Linsensuppe mit Cabanossis im Schnellkochtopf"

Wasserdampf. Ein Riesenunterschied, denn gewöhnlich werden wichtige Inhaltsstoffe beim Kochen im Wasser durch selbiges aus dem Kochgut herausgelöst. Wie bei der geologischen Erosion, wenn der Vergleich erlaubt ist. Dann gammeln die ganzen tollen Nährstoffe in der Kochbrühe herum und werden schlimmstenfalls in den Ausguss gekippt. Adieu, ihr gesunden Vitamine, Spurenelemente und sonstige der Gesundheit förderlichen Cerealien. Beim Garen mit Wasserdampf dagegen verbleiben die Nährstoffe im Gargut und landen später zum Vergnügen des essenden Organismus in selbigen, wo sie ihren helfenden Einfluss geltend machen können. Wieso helfen? Na – in so einem Organismus ist doch immer was los, was mit erlaubtem Naturdoping noch besser funktioniert. Nicht wahr?

Abschließend möchte ich nun endlich die Frage aus dem Titel beantworten:

Wie viel Wasser trinkt ein Schnellkochtopf?
Und meine Antwort lautet: wenig. Ein Schnellkochtopf ist bei richtiger Anwendung ein genügsamer Wasserkonsument. Und das kommt nicht nur der Umwelt zugute, sondern auch dem Geldbeutel.

Wann muss man den Dichtungsring vom Schnellkochtopf austauschen?

Über die immense Bedeutung der Dichtheit eines Schnellkochtopfs habe ich mich ja bereits ausgelassen. Druck kann in einem Schnellkochtopf nur dann aufgebaut werden, wenn das System "dicht" ist. Eine Schwachstelle ist dabei die Verbindung von Schnellkochtopfdeckel und dem Topf an sich. Um diese undichte Stelle abzudichten, wird in den Schnellkochtopfdeckel ein Dichtungsring eingelegt. Dieser ist meistens aus Gummi, welcher sich ausdehnt und so in jede ach so kleine Ritze dringt. Der Dichtungsring im Schnellkochtopf ist also sehr wichtig.

Dummerweise hat Gummi eine geringere Lebensdauer als beispielsweise der Edelstahl, aus welchem viele Schnellkochtöpfe bestehen. Aber wann musst du den Dichtungsring austauschen? Nun – die Beantwortung dieser Frage ist recht einfach: wenn dein Schnellkochtopf partout keinen Druck mehr aufbauen will, dann trägt vermutlich der Dichtungsring die Schuld. Er ist porös geworden oder entwickelt einfach nur noch schwächliche Gummikraft. Damit ist der Schnellkochtopf nicht mehr dicht und du kannst so viel Hitze hineinjagen wie du willst, es kommt kein Druck zustande.

Das "Schöne" an der Sache ist: Du hörst es, wenn es soweit ist! Du siehst es! Der Schnellkochtopf benimmt sich ungedichtet wie ein normaler bedeckelter Kochtopf. Sobald eine Ahnung von Druck im Topf entsteht, versucht dieser zu flitzen. Der Druck sucht nach Fluchtmöglichkeiten und findet kleine Ritzen an den Deckel-Topf-Nahtstellen … durch welche er zischend entweicht und mystische Dampfwolken bildet. Sollte dir das bei deinem Schnellkochtopf auffallen ist es an der Zeit, den Dichtungsring auszutauschen.

Ich habe mal irgendwo gelesen, dass ein Dichtungsring ungefähr 100 Kochvorgänge seinen Dienst wacker verrichtet. Dann macht er einen auf undicht und wird zum Verschleißteil. Anstatt nun aber gleich den Schnellkochtopf komplett auszutauschen, lohnt es sich nach einer Ersatzdichtung zu schauen. Die führenden Hersteller von Schnellkochtöpfen haben stets für eine ganze Reihe von Modellen Ersatzdichtungsringe im Angebot. (Ein wichtiger Vorteil, der für den Kauf eines Markenschnellkochtopfs spricht!)[3]

Die Dichtungsringe gibt es jeweils in den einzelnen Modellgrößen, also mit den Durchmessern 18cm, 20cm, 22cm, 26cm. (Witzig – ich habe gerade keinen

---

[3]In meinem Schnellkochtopf-Blog findest du daher eine Liste mit Links zu Dichtungsringen der wichtigsten Schnellkochtopf-Hersteller. http://www.schnellkochtopf-rezept.de/dicht

Dichtungsring mit dem Ø 24cm gefunden! Ein Mysterium.)

Ok … Ich denke mal, dass du im Falle des Dichtungsverlustes auf jeden Fall Ersatz für deinen Dichtungsring finden wirst. BEEM, zum Beispiel, liefert meist gleich einen Ersatzdichtungsring beim Kauf eines Schnellkochtopfs mit. Finde ich richtig gut.

Wie groß muss ein Schnellkochtopf sein?

Der Schnellkochtopf erlebt zurzeit eine Renaissance in den Küchen. Energiesparendes, vitaminschonendes Kochen sind Argumente, die mehr denn je zählen. Ein Schnellkochtopf ist da eine gute Anschaffung für die Küche. Zumal die Schnellkochtopf-Technik inzwischen so weit fortgeschritten ist, dass ein gemeiner Schnellkochtopf nicht mehr viel mit den potentiellen Küchenbomben früherer Jahre zu tun hat. Die Sicherheitstechnologie hat auch vor den Drucktöpfen nicht halt gemacht. Dennoch hält sich hartnäckig eine gewisse Scheu vor dem Schnellkochtopf. Die sich aber langsam abbaut. Vermutlich weil immer mehr Schnellkochtopf-Köche ihr Hohelied auf das Druckkochen und Dampfgaren erschallen lassen.

So verwundert es nicht, dass das Interesse am Schnellkochtopf wieder zunimmt und sich vielerorts Gedanken darüber gemacht werden, wie groß denn der Schnellkochtopf sein sollte, wenn man sich zum Kauf durchringt. Immerhin führen die Schnellkochtopf-Flotten der Hersteller vielerlei Modelle: vom kleinen 2Liter-Schiffchen bis zum 10Liter-Tanker. Da fällt die Entscheidung für unerfahrene Benutzer und Schnellkoch-Neulinge recht schwer.

Darum möchte ich jetzt zum Kern dieses Artikels kommen und mal meine ganz persönliche Empfehlung aussprechen:

Wie viel Schnellkochtopf für wie viel Personen?

Der 2,5 Liter Schnellkochtopf ist für einen 1-2 Personen Haushalt gedacht. Hier kannst du nach Lust und Laune in nur wenigen Minuten leckere Beilagen auch in kleinen Portionen zubereiten. Bist du ein starker Esser, dann kannst du auch zum 3,5l- oder 4,5l-Modell greifen. Naja – eher zum kleineren Schnellkochtopf.

Bekochst du einen größeren Kreis, also zwischen 3 – 4 Esser (oder 2 Erwachsene + 2-3 Kinder), dann fährst du mit einem 4,5 Liter bis 6Liter-Schnellkochtopf in sicheren kulinarischen Gewässern. Ich benutze selbst einen Fissler-Schnellkochtopf mit 4,5Litern. Wenn ich den vollmache, dann essen wir davon locker 2Tage. Vom Eintopf oder der Suppe. Nicht den Topf!
Ab 5 "Mitessern" würde ich auf jeden Fall zu einem Schnellkochtopf-Volumen zwischen 6,0 und 8,0 Litern greifen.

Größere Schnellkochtöpfe sind eher selten im Einsatz. Fissler hat noch Schnellkochtöpfe mit 10Liter Volumen im Angebot. Das ist wirklich riesig und meiner Meinung nach für das Bekochen einer Party sehr gut geeignet. Mach mal 10Liter von der Gulaschsuppe und du wirst sehen, dass diese weggeht wie nichts. Da bist du froh, wenn du gleich so viel gemacht hast. :)

Flexibel kochen mit Schnellkochtopf-Sets

Es gibt natürlich noch den Zwischenweg: Schnellkochtopf-Sets. Diese kommen stets als Duo in der Küchenlandschaft vor und bestehen aus einem 6,xl oder 4,5l und einem 2,5 oder 3l – Liter Schnellkochtopf. Mit einem Set bist du also wirklich flexibel, was die Kochmengen angeht. Soll es mal weniger sein, greifst du zum kleinen Schnellkochtopf; wird nach mehr Futter verlangt, kommt der größere zum Zug.

Die kleinen Schnellkochtöpfe mit 2,5l oder 3,5l Volumen werden auch gern als Schnellbratpfannen bezeichnet. Diese eignen sich hervorragend für Bratengerichte. Wenn du gern Braten und Suppen/Eintöpfe magst ist der Griff zu einem Schnellkochtopf-Bundle mit Schnellkochtopf und Schnellbratpfanne fast schon ein Muss. Ich selbst habe mit dem Fissler-Set gute Erfahrungen gemacht und ich nutze beide Set-Bestandteile regelmäßig.

Soweit meine Empfehlung zur Schnellkochtopf-Größe.

Bleibt die Frage nach dem Hersteller. Hier eine ultimative Empfehlung auszusprechen mag ich mir nicht anmaßen. Ich bin zufrieden mit meinem Fissler-Schnellkochtopfset. Ich würde aber auch sehr gern mal die neuen Modelle von WMF oder Silit testen. Auch beim BEEM Omni Perfect juckt es mich in den Fingern. Und ich würde zu gern mal einem NUTRICOOK beim Kochen zusehen. Du siehst – wie so oft im Leben hat man auch beim Schnellkochtopf die Qual der Wahl. Einen guten Überblick über aktuell verfügbare Schnellkochtöpfe findest du in meiner Schnellkochtopf-Liste auf der Internetseite.[4]

---

[4]Die ziemlich aktuelle Marktübersicht für Schnellkochtöpfe findest du auf meiner Homepage über diese URL: http://www.schnellkochtopf-rezept.de/liste

Braten im Schnellkochtopf

Eigentlich ist so ein großer Schnellkochtopf eher für Suppen und Eintöpfe geeignet. Das man darin Braten zubereiten kann, war längere Zeit unbekannt. Schlaue Feldforscher der Schnellkochtopf-Hersteller haben wohl irgendwann den Braten gerochen. Daraufhin wurden schlaue Forscherlein mehrere Wochen in Labors eingeschlossen, damit sie eine Lösung dafür finden.

Angeblich wurden sie lediglich mit einem Schnellkochtopf, einer Herdplatte, 2kg Gulasch nebst gulaschtypischen Gewürzen interniert und fortwährend mit dem delikaten Geruch frischen Gulaschs stimuliert. Nachdem viele Gulaschberge konstruktionsbedingt verkocht worden waren, kam einer der Forscher auf den Trichter, den hohen Körper eines Schnellkochtopfs einfach so weit zu reduzieren, dass die Schnellbratpfanne geboren wurde: ein sehr flacher „Schnellkochtopf“, welcher sich mit dem Schnellkochtopfdeckel verschließen ließ.

Jetzt endlich konnte Fleisch in der Schnellbratpfanne zünftig angebraten und anschließend unter Druck weichgekocht werden, ohne dass der Koch genötigt wurde mehr Abwasch als nötig zu produzieren.
(Ich weiß nicht, ob das bei der Erfindung der Schnellkochpfanne wirklich so zugegangen ist. Es erscheint mir nur als ein durchaus plausibler Erklärungsversuch.)

Gulasch im Schnellkochtopf

Ich sage immer: Gulasch ist viel einfacher als es schwer ist – einfach, schnell und äußerst schmackhaft. Selbst ohne Schnellkochtopf gelingt ein Gulasch fast wie im

Schlaf – es sei denn man frönt eben diesem beim Kochen. Dann freilich ist der Fleisch-Kohle-Umwandlung Tür und Angel geöffnet. Aber keine Bange – mit diesem Gulaschrezept für den Schnellkochtopf kannst du nichts verkehrt machen.

Erschrecke bitte nicht, wenn du hier anstelle eines kurzen Rezepts einen halben Roman vorfindest. Das Kochen des Gulaschs dauert unabhängig von der Länge dieses Rezepts vielleicht 40min. Leider neige ich beim Aufschreiben der Rezepte zu einer gewissen Weitschweifigkeit. ;-)

Zutaten für Gulasch

- 750g Gulasch (Schwein und Rind gemischt)
- Öl
- 2 Zwiebeln
- 2 Zehen Knoblauch
- Rotwein (trocken)
- Gemüsebrühe
- Senf (scharf)
- Salz, Pfeffer, Paprika, Chili
- Mehl

Aber jetzt lass uns beginnen …

Vor das Kochen hat der Großkoch das Putzen gesetzt.

Das Fleisch wird unter laufendem Wasser gesäubert. Ich nehme dafür immer ein Tropfsieb – so wie man es vom Salat putzen kennt. Da läuft das Wasser immer gleich schön ab und nimmt dabei das Blut mit. Einfach gut durchspülen und dann beiseite stellen.

Die Zwiebeln und den Knoblauch schälen wir. Anschließend schneiden wir die

Zwiebeln und den Knoblauch klein. An anderer Stelle im Netz hatte ich bereits eine Anleitung für dieses nervenzerfetzende Prozedere verfasst.[5]

Nun nehmen wir die Schnellbratpfanne und kippen etwas Öl sowie die Zwiebeln und den Knoblauch hinein. Du kannst das auch im richtigen Schnellkochtopf machen. Ich benutzte für derlei Kochorgien aber immer die Schnellbratpfanne. Die Schnellbratpfanne stellen wir beherzt auf den Herd, wobei wir nicht vergessen dessen Energiezufuhr zu aktivieren! Jetzt heißt es: Obacht! Das Kleinzeug verbrennt schneller als du schauen kannst. Wir wenden und rühren bis es schön brutzelt und schütten dann das Fleisch dazu. Einfach rein damit! Ein zischender Dampfgeysir wird geboren. Wir nehmen den Senf zur Hand und befördern ca. 2 Teelöffel zum Fleisch. Die nächsten Minuten sind die anstrengendsten Momente. Das werdende Gulasch verlangt deine ungeteilte Aufmerksamkeit – die du dir aber versüßen darfst, indem du schon mal den Wein öffnest und vielleicht den einen oder anderen Schluck probierest, indes du fleißig das Fleisch wendest. Das macht Spaß – glaube mir. Besonders wenn der Wein nicht einer von der schlechteren Sorte ist.

Je nach Herkunft des Fleisches wird sich mit der Zeit Wasser zwischen dem Fleisch ansammeln. Echtes Metzger-Gulasch-Fleisch beinhaltet erheblich weniger Wasser als das abgepackte Gulasch aus dem Supermarkt. Das braucht dich nicht zu beunruhigen; das Wasser verdampft recht schnell. Wenn kaum noch Wasser zu sehen ist brutzeln wir das Fleisch noch ein wenig weiter – jetzt ist die Zeit, wo Farbe an das Fleisch kommt. Allerdings brennt es jetzt auch am leichtesten an.

Wenn du es kaum noch aushalten mit dem Wenden (du wirst merken was ich meine) – schnell den Rotwein in den Topf. Kippe ruhig 150 – 200ml Wein mit der Kühnheit eines kontrollierten Weinkenners in den Topf. Wenn du meinem Tipp vorhin gefolgt bist, hast du den Wein bereits ausgiebig getestet. Ein weiterer Geysir entsteht. (Es entspricht übrigens nicht der Wahrheit, dass Dampfgaren daher den Namen hat, weil man immer so eindrucksvolle Geysire fabriziert.) Und weiter rühren und kochen. Der

[5] Dieses Meisterwerk schöpfender Hobbykoch-Schreibkunst findest du hier im Buch im Kapitel mit den Kochtipps: Wie schneidet man Zwiebeln klein?

Wein löst nun den Bratensatz vom Boden. Außerdem verflüchtigt sich der Alkohol aus der Sauce.

Wir nähern uns dem Ende des aktiven Teils.

Wenn sich der Bratensatz gelöst hat füllst du den Topf bis leicht über der Fleischoberkante mit Wasser auf, lässt einen Esslöffel Gemüsebrühe hinein rieseln und schließt den Schnellkochtopf-Deckel.

Jetzt ist es an der Zeit, dass sich das Gulasch um sich selbst kümmert. Der geschlossene Schnellkochtopf baut nun Druck auf. Wenn es zischt und sich die Markierung der zweiten Garstufe zeigt, reduzierst du die Hitze des Herdes und stellst auf einer Küchenuhr ca. 17min ein. Ist diese Zeit um schaltest du den Herd aus und gibst dem Schnellkochtopf Zeit, um den Druck abzubauen. Öffne auf gar keinen Fall den Schnellkochtopf bevor der ganze Druck abgebaut ist.

Sobald wir den Deckel wieder öffnen können – welch ein Duft – schmecken wir das Gulasch mit Salz, Pfeffer und Paprika ab.

Die Soße ist noch ein wenig dünnlich und wenig geeignet, um Halt an Salzkartoffeln oder Nudeln zu finden. Deshalb musst du die Soße noch andicken. Andicken ist eine Küchenfertigkeit, welche sich mir jahrelang verschloss. Ich meine mich daran zu erinnern, dass ich das Andicken ein oder zweimal versucht und völlig versaut habe. Dann habe ich es jahrelang nicht mehr probiert. Doch ich überwand meine Unsicherheit und mit der folgenden Anleitung kannst du dir die vielen Jahre sparen.

Greif dir eine Tasse und löffle ca. 3 Teelöffel Weizenmehl hinein. Schnapp dir eine Gabel(!) und lass kaltes Wasser zum Mehl in die Tasse fließen. Die Menge kommt echt auf die Tasse an. Stell dir einen gewöhnlichen Kaffeepott vor, dann weißt du was ich benutze. Rühre dieses Gemisch mit der Gabel kräftig durch. Mache dies über dem

Spülbecken. Erfahrungsgemäß schwappt einiges der Mehlbrühe hinaus. Das passiert selbst mir noch hin und wieder. Wenn die Spritzer gleich im Spülbecken landen sparst du dir langwierige Reinigungsarbeiten am Herd.
Idealerweise entstehen in der Mehlbrühe keine Klümpchen. Mit der Gabel gelingt das wie von selbst.

Während das Gulasch im Schnellkochtopf kocht, schüttest du die Mehlpampe langsam dazu und rührst dabei eifrig mit der Gabel um. Die "Gulaschsuppe" wird zur Soße. Es ist immer faszinierend zuzusehen, wie die dünne Brühe plötzlich zäher wird.

Fertig!

Zum Gulasch passen vielerlei Beilagen. Ich greife oft zu Salzkartoffeln. Aber auch Nudeln oder Reis gehen vortrefflich. Selbst Brot habe ich früher einfach in Stückchen zerbröselt, und im Gulasch verteilt. Das mache ich heute noch mit den Resten des Gulaschs, wobei ich leider sagen muss, dass eigentlich nie genug zurückbleibt.

Dies benötigst du für das Gulasch im Schnellkochtopf:

- 1 Schneidbrett
- 1 Gemüsemesser und/oder Kochmesser
- 1 Salatseiher
- 1 Wender
- 1 Schnellkochtopf

Schweinebraten im Schnellkochtopf

Letztens, es war vor ein paar Tagen, dünkte es uns mal auf den Abend einen Schweinebraten zu kochen … oder besser gesagt zu braten. Da ich spät heim kam, musste dies natürlich schnell gehen. Ich schnalze heute noch begeistert mit der Zunge, wenn ich an den Schweinebraten denke.

Zutaten für Schweinebraten

- ca. 750g Schweinebraten
- 1 Zwiebel
- 1 Knoblauchzehe
- Kartoffeln
- 200ml Rotwein
- 1 Bund Suppengrün
- 3 Prisen Salz
- 2 Prisen Pfeffer
- Öl
- Thymian, Majoran, Basilikum

Wir haben so ein zweiteiliges Schnellkochtopfset, bestehend aus einem echten Schnellkochtopf und einer, sagen wir mal, Schnellbratpfanne. Das Rezept bereiteten wir in letzterem Utensil.

Step1: (3min)
Das Fleisch wird aus verständlichen Gründen zunächst mal gewaschen und mit Küchenrollenfetzen trockengetupft. Dann reibt man das Fleisch mit den Gewürzen ein. Die Pfanne auf den Herd und das Öl darin erhitzen. Und zwar richtig erhitzen.

Das Fleisch in die Pfanne geben und so richtig heftig brutzeln lassen. Aber nicht zu lange. Sinn und Zweck dieses "scharfen Anbratens" ist es, das sich die Poren des Fleisches schnell schließen und dem Bratensaft den Ausgang verwehren.

Step2: (3min)

Ist das Fleisch von allen Seiten hübsch angebraten schmeißt man gekonnt die zuvor zerkleinerten Zwiebel und Knoblauchzehen dazu und brät dies ebenfalls an. Aber aufpassen, dass nix anbrennt. Es wäre wirklich schade. Hin und wieder das Fleisch und die Zwiebeln wenden.

Step3: (2min)

Jetzt schüttet man -auch wenn‘s weh tut – den Rotwein in die Pfanne und rührt ein wenig darin herum. So löst sich der angebratene Bodensatz. Das geputzte und zerkleinerte Suppengemüse findet sich ebenfalls in der Pfanne wieder. Den Deckel drauf, auf “geschlossen” stellen und …

Step4: (30min)

… unter Druck kochen lassen. Es empfiehlt sich während dieser Zeit die Kartoffeln zuzubereiten. Ich verzichte aber an dieser Stelle auf eine detaillierte Darstellung dieses Vorgangs. Solltest Du Probleme an dieser Stelle bekommen kannst Du uns gern kontaktieren.

Step5: (5min)

Wenn sich der Druck verflüchtigt hat nimmt man das Fleisch aus der Pfanne und legt es auf einem Teller ab. Die Soße samt Gemüsezeug schüttet man durch ein Sieb in einen Topf. Mit einem Löffel drückt man dann im Sieb das Gemüse aus. Natürlich über dem Topf!!!

Anschließend wird die Brühe zu einer Soße angedickt. FERTIG!

Scharfe Hackfleisch-Nudeln im Schnellkochtopf

"Manche mögen's heiß" heißt ein wunderbarer Film mit Marylin Monroe, Jack Lemon und ... Egal. "Manche mögen's deftig und feurig" möchte ich zu diesem Schnellkochtopf-Rezept sagen. Denn feurig wird's auf jeden Fall.

Zutaten für die Hackfleisch-Nudeln

- 500g Hackfleisch (gemischt)
- 1 Zwiebel
- 4 Zehen Knoblauch
- je eine gelbe und rote Paprika
- Rotwein (trocken)
- Gemüsebrühe
- 300g Nudeln
- Salz, Pfeffer, Paprika, Chili

Wie so oft beginnt ein Rezept mit Putzen. Gemüse putzen!

Alternativ können wir auch so anfangen: "Kippe ein Glas von dem Rotwein in den Koch." Ich überlasse es dir, ob du diesen Schritt vorziehst. Aber putzen musst du trotzdem.

Du schälst also die Zwiebeln, den Knoblauch, die Paprika. Moment mal – den Paprika schälst du nicht! Paprikaschoten werden ausgeweidet. [6]

---

[6] Tipps zur Erleichterung dieser ungeliebten Tätigkeiten findest du im Kapitel Küchentipps. Das reicht jetzt aber mit den Verweisen auf das Kapitel mit den Kniffen. Wenn dir ein paar Ergänzungen zu den Tipps einfallen, dann schreibe mir einfach eine E-Mail und ich werde deine Tricks ausprobieren. Vermutlich werde ich sie dann auf Schnellkochtopf-Rezept.de notieren.

Anschließend wechselt die Zwiebel ihren normalzwiebeligen Aggregatzustand in kleine Würfelchen. Der Knoblauch wird ebenfalls kleingewürfelt. Die Paprikaschoten werden erst halbiert, dann der Länge nach in Streifen geschnitten, nur um dann ebenfalls vom Streifenmuster ins (klein)karierte zu wechseln. Sprich – die Paprikaschoten sollten nach diesem Schritt ebenfalls in Würfelform vorliegen.
Damit nachher alles reibungslos und ohne größere Verzögerung abläuft kannst du gleich die Gemüsebrühe herstellen. Ich mache das immer so: Wasser im Wasserkocher heiß machen, damit einen Messbecher mit der rezeptlich vorgeschriebenen Menge füllen, Instantbrühe (Gemüsebrühe oder besser ein Gemisch aus Gemüsebrühe und Hühnerbrühe) einrühren, abschmecken, beiseite stellen.
Im Folgenden leistet der Schnellkochtopf dann gute Dienste. Etwas Öl fließt gekonnt aus der Öl-Flasche in deiner Hand in den Topf, welcher idealerweise auf einem heißen Herd steht. Ansonsten kann sich das mit dem Kochen ziemlich in die Länge ziehen! Die Zwiebeln und der Knoblauch wandern in den Topf, wo sie gleich mal heftig anfangen zu brutzeln. Dabei wird eigentlich unentwegt gerührt. Nach kurzer Zeit wird das Hackfleisch dazugegeben. Und brutzelt auch. Jetzt heißt es wieder: Ausdauer beweisen. Denn du musst ständig mit einem Schaber rühren. Kochlöffel, gerade aus Holz, machen sich nicht so gut, denn damit kann man nicht so toll den Topfboden abkratzen.

Es dauert nicht lange und der Topfinhalt wird flüssig. Dies kommt daher, weil das Fleisch Wasser abgibt. Dieses Wasser muss weg. (Ohne dieses Wasser geht es auch, wenn du von Anfang an auf gutes Metzger-Hack setzt, anstelle von Supermarkthackfleisch!) Jetzt aber nicht gleich den Topf vom Herd nehmen und das Wasser auskippen wollen! Das bisserl Wasser verdampft von allein. Ist das geschehen steigt die Gefahr des Anbrennens. Hier bist du gefordert, hellwach und eifrig mit dem Schaber dabei zu sein. Außerdem haust du gleich noch die verdutzten Paprikawürfel und brätst rührend noch ein wenig weiter.

Wenn du bald wirklich nicht mehr hinterherkommst mit dem manuellen Lösen des

Bodensatzes vom Schnellkochtopfboden, wenn du glaubst dein Arm fällt gleich ab, solltest du noch einen Moment weiterschürfen bevor du ca. 100ml vom Rotwein in den Topf schüttest. (Empfindliche Naturen können sich an dieser Stelle auch mit der anderen Hand die Augen zuhalten oder sich abwenden!)

Es zischt und dampft wie die Hölle. Aber es löst auch den Bratensatz vom Boden. Rühre eifrig ca. 3min weiter und lass alles ein bisschen einkochen.
Ziehe jetzt den Schnellkochtopf kurz von der heißen Herdplatte, schütte ca. 750ml Gemüsebrühe (die du bereits fertig hergestellt hast) dazu, verrühre alles und schmecke mit Salz, Pfeffer, Paprikapulver und Chili ab. Vorsicht! Bedenke: Nachwürzen ist einfacher als entwürzen! Also sei behutsam mit den Gewürzen und gib lieber nach und nach so viel davon in den Topf bis es dir schmeckt.

Jetzt kippe die Nudeln in den Topf, verschließe den Schnellkochtopf und schiebe ihn wieder auf die Herdplatte. Wenn der Druck aufgebaut ist braucht der Inhalt noch ca. 7min Garzeit. Dann kommt der Schnellkochtopf wieder vom Herd. Lass ihn langsam den Druck abbauen – der Inhalt gart indes weiter.
Fertig! Der Topf verdient je nach deiner Würzlaune das Attribut "scharf". Aber auch ohne eine Chiliexplosion schmeckt der Hackfleisch-Nudel-Topf aus dem Schnellkochtopf einfach nur lecker! Probiere es aus und schreibe mir deine Erfahrungen und Tipps.

Übrigens: Die Zubereitungszeit für diese 4 Portionen liegt für geübte Hobbyköche bei ca. 20min. Ungeübte sollten nicht wesentlich länger als 25-30min brauchen. Bist du nach 2 Stunden immer noch nicht fertig halte kurz inne und frage dich, ob du nicht gerade etwas ganz anderes kochst!

Rouladen im Schnellkochtopf

Ich liebe Rouladen. Auch aus dem Schnellkochtopf. Gut gefüllt mit Paprikawurst, Gürkchen und ein wenig Speck. Eingestrichen mit Senf, dem „Bautz'ner" natürlich. Dazu Kartoffeln und Sauerkraut. Mein Magen stimmt sofort eine Sehnsuchtsarie an.

Leider stehen einige Personen aus meinem sehr persönlichen Umfeld nicht so sehr auf Rouladen, weshalb ich wesentlich öfter Gulasch als Rouladen mache. Das Gulasch lieben sie, Rouladen nicht. Aber ich habe bereits Rouladen im Schnellkochtopf fabriziert – sie waren köstlich. Es ist keine übrig geblieben. Wie ich diese Schnellkochtopf-Rouladen gekocht habe, davon handelt dieses Rezept für klassische Rouladen.

Zutaten für Rouladen im Schnellkochtopf

- 6 Rouladen (oder rechne pro Mann 2 Rouladen; alle anderen je eine.)
- Öl
- 4 Zwiebeln
- Senf; den einzig wahren Senf: „Bautz´ner Senf" scharf
- 1/2 l Rotwein (trocken)
- Gemüsebrühe
- 1 Suppengrün (oder wahlweise 2 Karotten, etwas Sellerie, 1/2 Stange Lauch)
- Salz, Pfeffer (ganz und gepulvert), Paprika, 1 Lorbeerblatt, 3 Wacholderbeeren, 2 Pimentkörner
- Gewürzgurken (Cornichons)
- 2 Paprikawürstchen (oder "Knacker" wie die Dinger im Osten heißen)
- Kartoffeln
- Sauerkraut
- Lust am Kochen

Wenn du erfahrene Rouladen-Hersteller fragst (Mutter oder Vater zum Beispiel) so wirst du Zubereitungszeiten jenseits der 2 Stunden – Grenze zu hören bekommen. Ich zeige dir jetzt, wie du die Rouladen im Schnellkochtopf in 45min hinbekommst – inklusive Vorbereitung!

Zunächst säuberst du die Arbeitsfläche oder nimmst gleich ein großes Küchenbrett. Um dieses herum drapierst du nun 1 Küchenmesser, den Senf, einen Teelöffel, Salz und Pfeffer, die Paprikawürstchen und die Gewürzgurken. Außerdem ist es hilfreich gleich nach Rouladennadeln zu schauen und diese durchzuzählen. Wir brauchen pro Roulade 2 Nadeln.

Breite die Rouladen auf dem Küchenbrett aus. Ganz flach.

Wir schnappen uns den Teelöffel und hauen große Senf-Kleckse auf die Rouladen. Mit der Rückseite des Teelöffels streichen wir den Senf gleichmäßig über die gesamte Rouladenfläche. Dann salzen und pfeffern wir das ganze großzügig. Eine Mengen-Empfehlung ist schwer zu geben: nimm mal einen halben Teelöffel Salz und einen halben Teelöffel Pfeffer pro Roulade. Damit machst du erst mal nichts verkehrt. Wichtig ist nur, dass du Salz und Pfeffer gut auf die Roulade verteilst.

Nun schneidest du ein Stück Paprikawurst ab – etwas kleiner als die Breite der Roulade. Das Stück legst du an das schmalere Ende der Roulade. Eine Gewürzgurke gesellt sich munter dazu. Ich überlasse es dir, ob du das Gürkchen ganz lässt oder in Streifen schneidest. Ich mache immer letzteres.
Das machst du nun für jede Roulade so.

Jetzt wickelst du die Roulade auf – beginnend von der Seite wo die Wurst und Gurke lagert. Wickel nicht zu fest und nicht zu locker. Probiere es aus und du wirst automatisch merken wo das richtige Maß der Wickelstärke liegt. Glaube mir! Ist die Roulade vollständig aufgewickelt, fixiere die Enden mit je einer Rouladen-Nadel.

Stich dazu die Nadel nicht durch die ganze Roulade, sondern nur durch eine Lage Fleisch. Ziehe dann das Fleisch mit der Rouladennadel etwas nach oben und versenke die Rouladennadel im Körper der Roulade. Das Ergebnis: die Enden der Roulade sind nicht mehr offen, sondern geschickt verschlossen worden.

Damit sind die Vorbereitungen fast abgeschlossen. Vor dir liegen nun 6 würzige, erwartungsvolle Fleischrollen.

Jetzt greifen wir zur Schnellbratpfanne oder den Schnellkochtopf. Ich habe ja bekanntermaßen ein Schnellkochtopf-Set von Fissler, bestehend aus Schnellkochtopf und Schnellbratpfanne. Die Rouladen mache ich in letzterer.

Gib gut 3 EL Öl in die Pfanne (noch besser ist Butterschmalz, unter uns gesagt) und starte die Energiezufuhr. Ist das Bratfett heiß, legst du die Rouladen in die Schnellbratpfanne. Das zischt und dampft wie ein Geysir. Tut es das nicht, war das Öl nicht heißt genug. (Deshalb prüft man vorher ob das Öl heiß ist. Nimm dazu ein Messer, halte das kurz unter den Wasserhahn und lass einige wenige Tropfen in das Öl fallen. Tanzen die Tröpfchen in wilder Ekstase, ist das Öl bereit!)

Die Rouladen werden nun scharf angebraten. Scharf anbraten heißt, dass die Rouladen bei voller Hitze gebraten werden. Das ist richtig, richtig heiß. Außerdem erfordert dies deine ungeteilte Aufmerksamkeit. Braten, wenden, braten, den Wein aufmachen. Weiter braten und wenden. Wenn sich am Boden festere Ablagerungen bilden ist das kein Grund zur Besorgnis. Dieses "angebratene" kocht sich gleich von allein los. :) Nur schwarz sollte es nicht werden. Ein guter, nicht zu weicher Bratenwender leistet gute Dienste in dieser Phase.

Bevor nun alle Seiten der Rouladen ihren fleischfarbigen Teint verloren haben, schmeißt du die zerkleinerten Zwiebeln mit in den Schnellkochtopf (oder die Schnellbratpfanne, jaja). So dünsten diese gleich mit. Das erfordert jedoch noch einmal höchste Konzentration, denn Zwiebeln neigen zum Anbrennen in heißem Öl wie nichts anderes.

Sind die Rouladen ringsherum schön braun, halte dir die Augen zu und kippe eine halbe Flasche Rotwein in den Schnellkochtopf. Das mit den Augen ist nur zum Schutz für empfindsame Naturen. Kenner probieren den Rotwein während der Anbratphase. Wir lassen den Rotwein im Topf etwas einkochen (und im Kochkörper herumplätschern). Dann nehmen wir den Schnellkochtopf kurz von der heißen Feuerstelle.

Sortiere die restlichen Gewürze: Wacholderbeeren, Pfefferkörner (so 4 Stück), Pimentkörner, Lorbeerblatt. Nimm das Suppengrün, reinige es und wirf es zu den Rouladen. Hau die Gewürze gleich hinterher. Prüfe, ob die Rouladen gut bedeckt sind. Mit Flüssigkeit! Wenn nicht hilf mit etwas Wasser nach. Ein Esslöffel Gemüse- oder Delikatessbrühe findet sich auch in der Schnellbratpfanne wieder.

Das war's. Den Rest übernimmt der Schnellkochtopf. Die Rouladen dürfen nun für 25min so richtig unter Druck geraten. Die Zeit beginnt ab erreichen der 2. Garstufe oder des 2. Druckrings.

25 Minuten sind eine lange Zeit wenn man einen Kochtopf bewachen muss. Das macht dann zuzüglich der Zeit für das "Druckabbauen" etwa 30min, die wir anders nutzen. Erstens musst du den Schnellkochtopf nicht bewachen und zweitens wolltest du noch Kartoffeln und Sauerkraut machen! Also ran, an die Beilagen!

Tipp: Diese Zeit der Beilagenherstellung (Sauerkraut kochen, Kartoffeln schälen, waschen und kochen) kann man sich durch Genuss des verbliebenen Rotweins angenehmer gestalten!

Nach 30min fahren wir das unter dem Schnellkochtopf arbeitende Atomkraftwerk runter und warten, bis sich der Druck verzogen hat.[7] Öffne den Schnellkochtopf oder die Schnellbratpfanne und fische die Rouladen raus. Lege sie auf einen großen Teller. Greif dir einen weiteren Topf und ein Küchensieb, lege das Küchensieb auf den leeren Topf und kippe die Rouladenbrühe durch das Sieb in den Topf. Ein kleiner Kniff und wir sparen uns das mühsame Herausfischen der Wacholderbeeren, Pimentkörner und der anderen Sachen. Das Gemüse pressen wir mit Hilfe einer Gabel locker durch das Sieb aus. Wir verschwenden keinen Tropfen! Der Siebinhalt wandert in den Biomüll. Das Sieb selbst nicht!

Nimm dir eine Tasse, schmeiße 3-4 TL Mehl rein, lasse die Tasse halb voll mit Wasser laufen und vermische das Wasser-Mehl-Zeug mit einer Gabel! Ich verstehe bis heute nicht, warum dazu viele den Löffel nehmen. Mit der Gabel funktioniert das viel besser! Außerdem ist es so sauberer! Probiere es mal mit einem Löffel und schicke mir dann eine E-Mail mit deinen Eindrücken! Plus Foto der unmittelbaren Umgebung bitte!

Lass die Soße aufkochen und wenn sie kocht (das ist wichtig!) kippe langsam die Mehlbrühe dazu, in des du fleißig die Soße verrührst. Du wirst merken, dass die Soße dabei dicker wird. Je eifriger du die Mehlbrühe verquirlt hast, je fleißiger du die Soße umgerührt hat, desto weniger wird dir die Soße dabei verklumpen (das Horrorszenario eines jeden Soßenandickerlehrlings).

Tipp: Du kannst auch Stärke dazu nehmen. Bei der riskierst du zwar nicht das Verklumpen der Soße oder Mehlklümpchen in selbiger, aber du könntest bei Einsatz von zu viel Stärke in die Gefahr geraten, Rouladen-Gelee herzustellen. Lass dich nicht abschrecken – diese Erfahrung muss jeder einmal machen. (Ich schließe mich da nicht aus. Es gibt leider keinen Film darüber, wie ich ausgeschaut habe, als meine erste “verstärkte” Soße eine ganz und gar ungewollte Konsistenz bekam. ;-))

---

[7]Du kannst das beschleunigen: Siehe Abschnitt „Öffnen eines Schnellkochtopfs“.

Lege die Rouladen zurück in die Soße und halte diese warm.

Sind die Kartoffeln fertig? Das Sauerkraut auch?

Na dann – wohl bekomm's!

Rouladen im Schnellkochtopf – die FAQ

Warum kommt in dem Rezept kein Speck vor?
Ich tippe mal darauf, dass erfahrene Rouladenbräter sich diese Frage bereits gestellt haben. Meine Antwort: Weil ich Speck in Rouladen nicht so mag. Als Ersatz nehme ich die Paprikawürstchen. Ich liebe es, dieses aus der Roulade zu wickeln und dann so zu essen. Fantastischer Geschmack!
Noch ein Wort zu den Gewürzgurken. Ich gab in den Zutaten an, dass ich dazu diese Cornichons nehme, die es im Supermarkt gibt. Es hat sich nämlich durchgesetzt, keine herkömmlichen Salatgurken für Rouladen zu nehmen. Das liegt meiner Meinung nach daran, dass bei der Verwendung von Salatgurken

1. die Rouladen riesig sein müssten
2. dies gigantische Schnellkochtöpfe oder Schmortöpfe nach sich ziehen würde
3. die Rouladen nicht so gut schmecken würden.

Hast du dich eigentlich auch schon mal gefragt, was diese Cornichons für ganz spezielle Gurken sind? Ja? Hier ist die überraschende Antwort auf deine Frage: Die französische Bezeichnung für Gewürzgurken ist Cornichons. Aber: Die besten Gewürzgurken kommen aus dem Spreewald und nicht aus Frankreich. Punkt.

Nachtrag: Wenn du die Chance hast, feine Rouladen vom Metzger zu bekommen, dann reichen 20min im Druckmodus völlig aus. Danke für den Hinweis von Dagmar.

Suppen aus dem Schnellkochtopf

Ein Schnellkochtopf ist geradezu prädestiniert dazu, darin Suppen und Eintöpfe zu kochen. Das impliziert schon der Name: Kochtopf! Sonst würde es ja Pfanne oder Bräter heißen, oder?

Das Schöne an der Zubereitung von Suppen im Schnellkochtopf ist, dass es oft darauf hinausläuft, nach einigen Vorbereitungsarbeiten einfach alles in den Topf zu werfen und den dann mal machen zu lassen.

Eines ist allen Suppenrezepten gemein: zuerst muss Gemüse geputzt, gehäckselt, geschnitten, gewürfelt und auf vielerlei andere Art und Weise zurechtgestutzt werden. Dann wird geworfen, geschüttet und gekippt. Anschließend übernimmt der Schnellkochtopf die ganze Garerei. Schließlich folgt ein emsiges salzen, pfeffern, schärfen und abschmecken.
Und dann … dann kommt der Genuss.

Gulaschsuppe im Schnellkochtopf

Animiert durch mein Gulaschsuppenrezept auf themenmix.de habe ich mich entschlossen, dieses Rezept für eine Gulaschsuppe auf den Schnellkochtopf zu adaptieren. Der Witz ist nämlich, dass eine Gulaschsuppe im Schnellkochtopf nicht nur ähnlich gut wird wie in einem Bratentopf, sondern dies auch viel schneller tut.

So eine Gulaschsuppe ist ein ideales Partyrezept. Glaube mir, dass bereits unzählige Partys nur der Gulaschsuppe ihren bleibenden Erinnerungscharakter zu verdanken haben.

Stell‘ dir mal vor, dir fällt heute ein, dass Übermorgen eine Riesenparty bei dir steigt und du noch nichts zu futtern hast. Dann bleiben dir nur noch maximal 48h um dir ein erschöpfendes Nahrungsangebot auszudenken. Und dieses zu beschaffen. Vom Herstellen ganz zu schweigen.

Ich weiß ja nicht wie es dir geht, aber ich bevorzuge dann die einfachen Sachen im Leben. Die bewährten Schachzüge eines Hobbykochs. Und eine Gulaschsuppe gehört auf jeden Fall zu den genialen Kniffen, die du in der Küchennot aus der Kochmütze zaubern kannst. Wenn du die Gulaschsuppe in einem Schnellkochtopf zubereitest bleibt dir noch genug Zeit für andere schmackhafte Partyrezepte wie bspw. handgeschälte Mandelplättchen auf einem Zwiebelboot im Vanillepuddingsee oder ähnliche verwegene Geschichten. Die Geschmäcker sind ja so verschieden. (Wenn du die Mandel-Zwiebel-Vanillepudding-Geschichte tatsächlich mal zubereitest, bin ich definitiv an deinen Erfahrungen interessiert. Und ich möchte wissen, ob es Überlebende gab.)

Aber in diesem Artikel soll es um die Zubereitung einer Gulaschsuppe im Schnellkochtopf gehen. Kommen wir also zur Sache.

Zutaten für Gulaschsuppe im Schnellkochtopf

- 1kg gem. Gulasch
- 5 – 6grosse Kartoffeln (500g)
- 300g Pilze
- 2 große Zwiebeln
- Wer mag kann noch 1-2 Zehen Knoblauch dazu nehmen
- Senf
- Wasser
- 1/2l Rotwein
- Ein Päckchen passierte Tomaten

- 3 rote Paprika
- 4-5 Karotten
- Salz und Pfeffer
- Cayennepfeffer
- Majoran
- Fleischbrühe

Die Menge ist für einen 6l-Schnellkochtopf ausgelegt. Der ist dann aber auch voll.

Das Gulasch kommt heutzutage ja oft in so abgepackter Form aus der Kühltheke. Idealerweise kommt ein Gulasch vom Metzger, welcher es einem Bioschwein und Biorind abgerungen hat. Die Technik ist inzwischen so weit fortgeschritten, dass diese Kämpfe sehr oft vom Metzger gewonnen werden. Ich würde ja das Biogulasch bevorzugen, aber ich weiß, dass Biometzger nicht so weit verbreitet sind. Daher mein Hinweis auf die weiterverbreiteten Kühlregale.

Kippe die Gulasch-Rohmasse aus deiner bevorzugten Gulaschquelle erst einmal in einen Salatseiher und spüle das Fleisch gründlich durch. Der Salatseiher hat den Vorteil, dass das ganze blutgetränkte Wasser gleich abläuft.

Anschließend schaust du dir die Gulaschklumpen genauer an und stellst dir vor, wie sich diese auf einem Löffel machen, der sich auf dem Weg zum Mund befindet. Ahnst du voraus, dass ausgerenkte Kiefer zu befürchten sind, schnappst du dir ein scharfes Fleischmesser und zersäbelst den Gulaschfleischklotz in mundgerechtere Stücke. Letztlich hast du einen übersichtlichen Haufen enthusiastischer Gulaschklümpchen vor dir, der brennend nach Hitze giert. Lassen wir das Gulasch nicht warten und …

… nimm deinen Schnellkochtopf, stelle diesen auf den Herd, schütte so 3 EL Öl in den Topf/die Pfanne und starte die Energiezufuhr. Indes du dich bereits den Zwiebeln widmen darfst. Diese werden hübsch ausgezogen, ebenfalls mit Wasser gewaschen und anschließend mit einem Kochmesser galant in Zwiebelscheibchen transformiert. Das geht in der Regel so fix, dass in der Zwischenzeit das Öl heiß auf Nahrung ist und wir dieses Bedürfnis durch das Hinzukippen des Gulaschs befriedigen. Während nun Gulasch und Öl eine innige Beziehung eingehen und mächtig miteinander zischeln und brutzeln schnappen wir uns den Senfbecher und entnehmen diesem einen dicken Teelöffel. Den Senf klatschen wir nun auf das Fleisch im Topf und verrühren alles miteinander.

Das Rühren wird für die nächsten Minuten deine Haupttätigkeit sein. Lass aber dem Fleisch die notwendige Zeit, um Farbe zu bekommen. Ein ständiges Umrühren und Kratzen ist vorerst nicht notwendig, sondern eher hinderlich. Das Wasser, welches sich nach kurzer Zeit wie von Zauberhand im Schnellkochtopf zeigt ist nicht besorgniserregend, sondern normal und verzieht sich auch nach kurzer Zeit wieder. Es verdampft einfach. Wenn aber das Wasser verdampft ist, dann musst du hellwach zur Stelle sein. Jetzt beginnt die kritische Phase, aus der schon manch Gulasch als schwarze, teerige Masse hervor- und untergegangen ist. Schmeiß die Zwiebeln in den Topf - zum Gulasch dazu. Jetzt gehe mit einem Schaber tüchtig zu Werke und verhindere so, dass das Gulasch anbrennt. Das wird immer schwieriger: erstens, weil das Fleisch schneller am Boden haftet und zweitens, weil die Hitze, welche dem Schnellkochtopf entströmt übermächtig wird. Hier musst du zusehen, wie lange du das durchhalten kannst. Es ist aber definitiv länger als 1min … also nicht gleich schlappmachen, ja?

Kannst du nicht mehr oder ist das Fleisch schön dunkelbraun angebraten, dann …. schließe die Augen und kippe den Rotwein in den Schnellkochtopf. Das tut weh. Ich weiß. Belohnen deine Verwegenheit und deinen Mut mit einem tüchtigen Schluck. Wenn keiner zuschaut – einfach aus der Flasche. Lass diese Belohnung nicht zu lang werden, denn du musst gleich wieder an den Topf und rühren. Mit dem Rotwein löst sich der Bratensatz vom Boden, während erster seinen Alkohol abwirft. Das siehst du nicht, denn der Alkohol verflüchtigt sich ziemlich feige im Dampf.

Nach knapp 3min nimmst du den Schnellkochtopf vom Herd.

Widme dich jetzt dem Gemüse. (Profis wissen die erste Zeit des Anbratens zu nutzen und widmen sich gleich nebenbei dem Gemüse. Aber wir wollen es nicht gleich übertreiben, nicht?)

Schäle und zerkleinere die Kartoffeln, weide den Paprika aus und mache aus ihm auch kleine Würfelchen. Die Pilze (werden wohl oft Champignons sein, aber es gehen auch echte Waldpilze, die idealerweise selbst gesammelt sind) werden gewaschen und in irgendetwas entfernt Würfelähnliches klein gesäbelt. Gern kannst du es auch bei Scheiben belassen. Geht schneller. Die Karotten werden geschält und ebenfalls kleingewürfelt. Stöhne nicht herum, sondern nimm dir ein gescheites Kochmesser, mit dem das alles wirklich spielend leicht von der Hand geht.

Kippe nun sämtliches Gemüse zum Gulasch in den Schnellkochtopf, fülle selbigen mit Wasser auf maximal 2/3 des Fassungsvermögens auf, prüfe den korrekten Sitz des Dichtungsrings sowie des Druckventils am Schnellkochtopfdeckel, schließe den Schnellkochtopf und ….. verschnaufe.
Aufmerksame Zuleser werden bemerken, dass sie nicht vergessen sollten, den Herd wieder einzuschalten.

Du hast nun 15 – 20min Zeit. Dieser Zeitrahmen sollte für alle üblichen Schnellkochtöpfe reichen.

Ist die Zeit um, schalte den Herd ab und überlasse deinen Schnellkochtopf sich selbst, bis dieser den Druck verloren hat. Du kannst auch ein wenig nachhelfen, was du im Kapitel zum gefahrlosen Öffnen eines Schnellkochtopfs gern nachlesen darfst.

Lässt sich der Schnellkochtopf wieder öffnen ist die Zeit des Würzens gekommen, denn diesen wichtigen Schritt haben wir bisher völlig vernachlässigt. Es ist aber ein immens wichtiger Prozess, ohne den die Gulaschsuppe einfach nur fade schmeckt. (Es sei denn du möchtest eigentlich die Party gar nicht geben. Dann lass die Gewürze weg. Deine vorwitzigen Gäste werden es auch bald sein.)

Beginne mit 3 TL Salz, 1TL Pfeffer, 1/2 TL Majoran, 1TL Paprikapulver und 2 EL Delikatessbrühe oder Gemüsebrühe. Rühre alles um und koste. Das nennt sich üblicherweise „abschmecken". Gekostet wird niemals nicht aus dem Topf! Merk dir das! Nimm stattdessen eine Schöpfkelle und eine Tasse und fülle mit ersterer etwas Suppe in die Tasse. Aus dieser darfst du nach Herzenslust kosten. Es schmeckt bereits hervorragend. Aber es fehlt noch was. Daher ...

Führe die passierten Tomaten ihrer Bestimmung zu: hau das Zeug in den Schnellkochtopf. Und wieder alles umrühren. Ist es nicht rührig wie wir uns um die Gulaschsuppe kümmern?

Taste dich jetzt mit Salz, Pfeffer, Paprika und Brühe immer weiter dem idealen Geschmack an. Bedenke dabei das Grundgesetz des Kochens: einmal geworfenes Gewürz lässt sich nicht oder nur sehr schwer wieder aus der Suppe herausbekommen. Sei also behutsam. Beweise Geduld. Probiere nicht den Schnellkochtopf leer!

Du hast fertig. Wenn du möchtest, kannst du nun noch mit Chili oder Cayennepfeffer für das gewisse Maß an Schärfe sorgen. Allerdings empfehle ich dir, diese Zutaten einfach zur Gulaschsuppe dazu zu reichen: wer mag, kann sich den Mund verbrennen wie er möchte. Man muss es aber nicht.
Mit dieser Gulaschsuppe, die summa summarum nicht länger als 35 – 40min gedauert hat, bist du eigentlich immer auf der sicheren Seite. Mit dem Schnellkochtopf gelingt die Gulaschsuppe fast wie von selbst.

Serviere die Gulaschsuppe aus dem Schnellkochtopf mit Baguette oder Toastbrot als

Zugabe.

PS: Hast mal ein üppiges Gulasch gemacht und noch Reste davon über, so kannst du unter Einsatz von Wasser, Gemüse und Gewürzen dieses Restgulasch auch wunderbar zu einer Gulaschsuppe strecken. Einen Schnellkochtopf brauchst du dazu aber nicht. Du darfst deinen Schnellkochtopf aber trotzdem benutzen. Es macht halt einfach Spaß, mit dem Schnellkochtopf zu hantieren. ;-)

Noch ein Tipp zum Senf: Ich stehe auf „Bautz'ner Senf". Das ist meiner Meinung nach der beste Senf, den du hierzulande bekommst. Nimm für die Gulaschsuppe den scharfen Senf. Der ist absolut perfekt.

Brühreis im Schnellkochtopf

Diese äußerst leckere Reissuppe mochte ich schon als Kind und noch heute kann ich nur davon schwärmen. Sicher – man kann diesen Eintopf jederzeit kochen, aber bei uns daheim gab's ihn fast hundertprozentig nach Weihnachten. Wenn es nämlich den feiertäglichen Gänsebraten in den Backofen verschlagen hatte, fristeten diverse Kleinteile der ursprünglichen Gans ihr Dasein auf dem Küchentisch. Dieses Gänseklein (bestehend aus den Flügeln, Herz, Magen, Leber) muss nicht weggeworfen werden. Man kann daraus eine sehr schmackhafte Brühe gewinnen, die die Grundlage für den Brühreis bildet.

Zutaten für Brühreis

- reichlich Gänseklein
- 3 Kochbeutel Reis
- 1 Zwiebel
- Hühnerbrühe
- Salz, 4 Pimentkörner
- 1 Lorbeerblatt
- 4 Pfefferkörner

That's all. Statt des Gänsekleins kann man natürlich auch eine Poularde oder ganz normales Hähnchen/Hühnchen nehmen. Die ganzen Würzkörner braucht man nicht unbedingt, aber sie kräftigen die Brühe geschmacklich sehr auf.

Ich wurde oft gefragt, warum ich Kochbeutelreis für den Brühreis nehme. Die einfache Antwort darauf ist: „Weil meine Mutter das schon so gemacht hat."
Am besten bereitet man den Brühreis im Schnellkochtopf zu. Idealerweise versenkst du gleich zu Beginn einen Siebeinsatz im Topf. Das macht später das Herausfischen der Einzelteile aus der Brühe um ein Vielfaches einfacher.

Step 1:
Das Fleisch waschen und ab in den Topf. Eventuell die Innereien säubern und ebenfalls dazu tun. Die Zwiebel ungeschält (aber gewaschen) dazu werfen. Die Körner und Beeren wandern durch geschicktes Hantieren ebenfalls in den Topf. Den Schnellkochtopf jetzt noch mit Wasser auf ca. 2/3 auffüllen. Und ab auf den Herd damit.

Step 2:
Der Herd anmachen und warten bis sich der Druck aufgebaut hat. Dann bleibt der Schnellkochtopf unter Druck auf der 2. Garstufe ca. 15min auf dem Herd. Anschließend den Herd ausmachen und den Schnellkochtopf mit dem ganzen Druck

solange allein lassen, bis er den Druck vollständig abgebaut hat.
Nebenbei solltest du schon mal in einem separaten Topf den Kochbeutelreis kochen. Das „wie“ steht auf jeder gutgemachten Verpackung drauf.

Step 3:
Das Fleisch von den Knochen lösen. Die Innereien in mundgerechte Stücke teilen. Das ist ein ziemliches Kleinklein, während dessen du dir die Hände so richtig einsauen wirst. Aber die kannst du ja hinterher abwaschen. Anschließend werden (falls sie aus dem Sieb geglitten sind) die vorwitzigen Wacholderbeeren und Pimentkörner aus der Brühe gefischt. Nur Warmduscher kippen dazu die gesamte Brühe durch ein Sieb! Helden des Kochherds benutzen dazu einen Löffel oder ggf. eine Schöpfkelle. Oder beauftragen die Kinder damit. (Kinder haben einen Heidenspaß dabei!)

Step 4:
Das Fleisch sowie der Reis (ohne Tüte!!! – ich wollte es erst nicht hinschreiben, aber wer weiß …) wandern in die Brühe, die nun mit etwas Salz und Hühnerbrühe geschmacklich abgestimmt wird.

Step 5: (optional)
Wer mag, kann noch etwas feingehackte Petersilie einstreuen …. Fertig!

Wenn alles passt, kann ich nicht mehr aufhören mit essen. Geschmacklich weicht die Version mit dem Gänseklein erheblich von der mit dem Hühnerklein ab. Zum Besseren übrigens …

Fazit: Ein Eintopf der ohne viel Eigenaufwand sehr schnell zubereitet ist und einfach vortrefflich schmeckt.

Eine mögliche Erweiterung wäre beispielsweise das Reichen von Salzkartoffeln.

Mein Vater hat immer gern zuerst Salzkartoffeln im tiefen Teller zerdrückt und dann Brühreis darüber gekippt. Diese Variante bekommt auch den hungrigsten Esser mühelos satt!

Bohneneintopf im Schnellkochtopf

Als Kind verabscheut, mit der Zeit lieben gelernt und im „Alter" verehrt. Ok, ok – Alter ist relativ. Aber in dem Maße, wie ich in meiner Jugend beim Anblick von Bohneneintopf schreiend davongerannt bin, liebe ich diesen Eintopf nun über alles. Und der Schnellkochtopf bietet mir die Möglichkeit diese leckere Suppe schnell und unkompliziert herzustellen. Zusammen mit einem guten Stück Kochfleisch für die Brühe garantiert dir dieses Rezept eine billige und sehr gut schmeckende Mahlzeit.

Zutaten für Bohneneintopf

- ein gutes Stück Kochfleisch
- 2 Pimentkörner
- 3 Wacholderbeeren
- 5 Pfefferkörner
- 1 Lorbeerblatt
- 1 Bund Suppengrün
- 1 Zwiebel
- 5-7 Kartoffeln
- 1 Packung TK-Bohnen (wenn du frische Bohnen hast, nimm diese)
- Gemüsebrühe
- 1EL Bohnenkraut

Hast du die Zutaten beisammen? Dann geht's nun los:

Zunächst bereiten wir die kräftige Brühe zu. Dazu benutzt du am besten den Siebeinsatz deines Schnellkochtopfs. Wasche das Fleisch ab und befördere es in das Sieb. Ordne die Pfefferkörner, Pimentkörner, Wacholderbeeren und das Lorbeerblatt nach deinem künstlerischen Empfinden dazu. Lege dabei aber keine allzu große Sorgfalt an den Tag – der Brühe ist es letztlich egal. So du es noch nicht getan hast, versenke nun den Einsatz im Schnellkochtopf. (Alternativ kannst du den Siebeinsatz auch gleich im Schnellkochtopf versenken und die Zutaten alle reinwerfen.)

Widmen wir uns noch dem Suppengrün und der Zwiebel. Die Zwiebel wird grob von welkem Unrat befreit und dann gewaschen in den Topf geworfen. Solltest du als aufmerksamer Koch nun das komplette Schälen und Kleinschneiden der Zwiebel vermissen – das ist kein Fehler, wir brauchen es einfach nicht zu tun.

Die Karotten werden gesäubert und ebenfalls ganz oder lediglich halbiert in den Topf geschmissen. Die Sellerie wird geschält, gewaschen und – du ahnst es bestimmt – in den Topf geworfen. Genau. Vom Lauch entfernen wir die welken Blätter, spülen ihn penibel durch und hauen ihn auch in den Topf. Jetzt kommt Wasser ins Spiel. Lasse so viel Wasser in den Topf, dass das Fleisch sich gut 2cm unter der Wasseroberfläche befindet. Jetzt den Deckel drauf, Schnellkochtopf hermetisch schließen und ab auf den Herd. Gib ihm Energie!

Für die folgenden ca. 30min hast du nun keine Freizeit. Haha.

Schäle die Kartoffeln, wasche die Erdäpfel und verwandle die nackten Etwasse in kleine Würfel mit ca. 1cm Kantenlänge. Ich habe lange mit mir gerungen, ob ich das so hinschreiben soll, aber letztlich wollte ich dich nur ein wenig ärgern.

Optimalerweise hast du bis zum Erreichen der 30min-Marke Freizeit. Im anderen Fall solltest du mit dem Erklingen des 30min-Gongs fertig geworden sein.

Nimm jetzt den Schnellkochtopf von der heißen Herdplatte und lasse den Druck ab. Bitte vollständig!

Öffne den Topf – was für ein Duft! Unter Zuhilfenahme zweier Gabeln (so mache ich das immer) angelst du nun das Sieb raus. Die eine Gabel schnappt sich den Henkel, mit der anderen Gabel fixiere ich das Sieb so, dass mir nicht alles in den Topf fällt. Wenn du einen besseren Tipp hast: schreibe mir! Das Sieb tropft ab und dann stellst du es auf einen tiefen Teller, damit die restliche Brühe nicht sinnfrei in der Küche rumfließt.

Idealerweise sind alle Gewürzkörner im Sieb verblieben. In der Realität ist mindestens ein Korn herausgeschwappt und irrt nun in der Brühe umher. Ich hasse das! Aber Hass befördert das Gewürzkorn auch nicht aus der Brühe. Also spiele ich immer das nette Spiel: Fang mich! Mit einer Schöpfkelle oder mit einem großen Löffel. Und das mache ich solange, bis ich ziemlich sicher bin, dass kein Korn mehr im Topf ist. Der Powerusertipp ist natürlich: die Brühe durch ein Sieb in einen anderen Topf gießen. Aber wer wäscht das dann alles ab? Außerdem ist das was für Warmduscher.

Das Kochfleisch wird mit einem scharfen Messer in mundgerechte Stücke geschnitten und zurück in die Brühe gekippt.[8] Die Kartoffelwürfel und die Bohnen gesellen sich dazu. Fülle den Schnellkochtopf bis auf 2 Drittel mit Wasser auf. Wirf ca. 1EL Bohnenkraut dazu, schließe den Schnellkochtopf wieder und setze ihn unter Druck. Wenn der Druck aufgebaut ist, lass das Ganze bei wenig Energiezufuhr für 10min kochen.

Wir sind fast fertig!

---

[8] Gourmet-Tipp: Wenn du scharfen Meerrettich vorrätig hast, schmiere eine tüchtige Portion davon auf ein Stückchen noch heißes Fleisch und genieße!

Schalte den Herd aus und zieh den Schnellkochtopf von der heißen Platte. Sobald der Druck sich sonst wohin verflüchtigt hat und du den Topf öffnen kannst, geht's ans Würzen. Hier gilt wie immer: Vorsicht ist die Grundlage einer erfolgreichen Eintopfherstellung. Grob gesagt darfst du aber ruhigen Gewissens 1EL Salz, 1EL Gemüsebrühe und etwas Pfeffer einstreuen. Verrühre alles und schmecke ab. Das ist der Moment der Wahrheit. Oder ein gutes Stückchen davor. Würze vorsichtig weiter, bis deine Geschmacksnerven mit der Zunge schnalzen.

Essen ist fertig!

Dazu reichst du Brot. (Brauche ich nie, aber der Rest der Familie schreit danach.) Noch ein Tipp für alle die es sauer mögen (so wie ich): In den gefüllten Teller kannst du noch 1EL Essig geben. Das gibt der Suppe ein unvergleichliches Geschmackserlebnis. Wie gesagt: wenn du es säuerlich magst!

Kartoffelsuppe im Schnellkochtopf

Eines vorweg: Ich liebe Kartoffelsuppe. Das geht schon solange wie ich denken kann. Vermutlich auch länger, aber das ist schwer zu belegen. Eine Kartoffelsuppe im Schnellkochtopf zubereitet ist ein ganz feines Rezept, welches z.B. von meinen Kindern innig geliebt wird. Das versetzt mich in die Lage, diese Königin der Suppen öfter zuzubereiten. Außerdem ist eine Kartoffelsuppe verdammt billig, wenn man auf den ganzen Schnickschnack verzichtet, auf den ich so ungern verzichte. Dazu gehören unbedingt gebratene Wurstwürfelchen oder Wienerwürstchen. Hmmmm … mir läuft schon wieder das Wasser im Munde zusammen und ich könnte glatt loskochen. Das geht gerade aus zweierlei Gründen nicht: 1. wir hatten erst neulich einen vollen Schnellkochtopf mit Kartoffelsuppe und 2. wir haben gerade keine Kartoffeln im Haus. Deshalb habe ich auch gerade Zeit, dieses Rezept für Kartoffelsuppe im Schnellkochtopf niederzuschreiben, anstatt in der Küche zu stehen und Kartoffeln zu schälen.

Zutaten für Kartoffelsuppe im Schnellkochtopf (6l)

- 3kg Kartoffeln
- 1 Zwiebel
- Lauch
- Sellerie
- 2 – 3 Karotten
- Gemüsebrühe
- Salz, Pfeffer, Majoran
- optional: Schinkenwurst oder Jagdwurst oder Würstchen; Pilze (auch getrocknet), frische Petersilie

Wenn du mal den Taschenrechner nimmst und die Preise aus dem Supermarkt deines Vertrauen rekapitulierst und zusammenrechnest, wirst du schnell dahinter kommen, dass diese Suppe wirklich nicht die Welt kostet. Ein sehr sparsames Essen.

Von der angegebenen Menge wird eine fünfköpfige Familie zweimal sehr, sehr satt. Sofern die Kinder noch im Kinderalter sind und den Eltern nicht schon die Haare vom Kopf fressen. (Was bei mir bereits der Fall ist.)
Aber legen wir los.

Für eine Kartoffelsuppe werden Kartoffeln traditionell zunächst geschält. Das trifft auch für eine Kartoffelsuppe zu, die in einem Schnellkochtopf gekocht wird. Schäle! Fang einfach an. Das dauert bei 3kg immer ein wenig. Ich weiß. Aber das ist auch der Hauptarbeitsgang bei der ganzen Chose hier. Ein Tipp: Größere Kartoffeln schälen sich mit einem Kartoffelschäler wirklich besser als mit einem kleinen Gemüsemesser.

Ich habe Jahre gebraucht, um dahinter zu kommen, aber inzwischen bin ich bekehrt. Das ist wie in einer Werkstatt: mit dem richtigen Werkzeug werkelt es sich einfach besser. Eine Weisheit, die wir gleich noch bestätigen werden!

Bist du fertig mit dem Kartoffelschälen?

Prima … nimm dir jetzt noch das restliche Gemüse vor.

Sehr dreckige Karotten schälst du mit einem Gemüseschäler. Die nun fast sauberen Karotten brichst du einmal in der Mitte durch. Eine hervorragende Kraftmeierei vor Kindern, die den kräftigen Papa oder Mama mit offenem Mund bewundernd anstarren. Schmeiße die Karotten zu den Kartoffeln.
Wenden wir uns dem Sellerie sowie dem Lauch zu. Die Lauchstange kappen wir mit einem Kochmesser ungefähr in der Hälfte. Den Strunk mit dem Wurzelbüschel schneiden wir ebenfalls großzügig ab und entsorgen ihn. (Biomüll!) Lege beide Nutzhälften des Lauchs zum anderen Gemüse.

Hast du eine Sellerieknolle in ihrer ursprünglichen Form? Dann schnapp dir ein Brett und ein großes Kochmesser. Schneide zunächst den Strunk großzügig weg. Dieser kommt auch in den Biomüll. Auf der Schnittfläche drapierst du den restlichen Sellerie aufs Schneidbrett und …. Zerschneidest das Teil mit dem Kochmesser in ca. 1cm dicke Scheiben. Diese Selleriescheiben lassen sich nun vortrefflich mit einem kleinen Schälmesser von der Schale befreien. Die ganzen Sellerieteile kommen zum anderen Gemüse. Der Abfall macht sich gut als Hasenfutter!

So ganz sauber bekommst du dein Gemüse nie geputzt. Deshalb hat sich im Laufe der Evolution herauskristallisiert, das grob gereinigte Gemüse mit Wasser gewaschen ungleich reiner ist. Also wasche die geschälten Kartoffeln, Karotten, Selleriescheiben, Lauchstangen. Das klappt sehr gut in einem Salatseiher. Alles zusammen in den Seiher werfen und kurz durch laufendes Wasser schwenken. Ein wenig darfst du wie eine manuelle Lottofee das Gemüse unter dem laufenden Wasser herumquirlen und fertig. Kleinschneiden musst du die Kartoffeln, Karotten den Lauch und auch den Sellerie übrigens nicht. Dafür aber ….

Es scheint die Zeit gekommen, endlich mit dem Kochen zu beginnen, oder? Gemach, gemach … wir sind gleich so weit.

Schäle die Zwiebel! Wasche die Zwiebel! Zerkleinere die Zwiebeln grob. Gib etwas Butter in den Schnellkochtopf und stelle den Topf auf den Herd! Energiezufuhr los!

Die Zwiebeln dünstest du in der Butter kurz an. Etwa solange bis sie leicht bräunlich sind. Dann kippst du das ganze Gemüse in den Schnellkochtopf. Das ganze Gemüse? NEIN! Vom Sellerie nur eine Scheibe und nur eine Hälfte vom Lauch! Vom restlichen Gemüse kommt alles in den Schnellkochtopf. Dieser sollte nun maximal zu zwei Dritteln gefüllt sein. Weniger ist gut. Mehr ist nicht so gut. In letzterem Fall weißt du was du zu tun hast. (wieder rausnehmen?)

Fülle Wasser in den Schnellkochtopf. Aber nur soweit, dass das Gemüse gerade so bedeckt ist. Mehr Wasser braucht es nicht.

Überprüfe nun den ordnungsgemäßen Zustand des ~~Ziehungsgerätes~~ Schnellkochtopfs. Ist das Ventil am Deckel befestigt? Ist der Dichtungsgummi im Deckel eingelegt? Fertig? Ja? Wirklich? Ok, ok …. schließe den Schnellkochtopf. Versuche zur Sicherheit den Deckel einfach wieder abzunehmen. Geht nicht? Gut so. Gib jetzt richtig Saft unter den Topf. Ich meine – erhöhe die Energiezufuhr.

[Zwischenspiel] Du wirst dich sicherlich fragen, was mit dem restlichen Sellerie geschieht. Und was wird mit dem Lauch? Ganz einfach: froste das Zeug ein. Getrennt! Die Sellerie in einen Gefrierbeutel, den Lauch in einen anderen. So kannst du dir das lästige Säubern und Waschen von Sellerie und Lauch beim nächsten

Kochen mit oder ohne Schnellkochtopf sparen. Einfach clever kochen! [/Zwischenspiel]

Das war's jetzt fast schon. Wenn der Schnellkochtopf anfängt zu pfeifen, röcheln oder sonst welche urigen Laute von sich zu geben aktivierst du die Küchenuhr (es tut auch eine Eieruhr). Gib dem Ganzen 10-15min. Maximalfall! Nach dieser Zeit drehst du die Energie ab und wartest auf den Druckausgleich.[9]
Wenn der Druck sich verzogen hat und du den Schnellkochtopf öffnen konntest kippst Sie das Wasser um Himmels willen nicht weg. Schütte es besser in einen anderen Topf. Das geht mit etwas Übung ganz einfach. Lege den Schnellkochtopfdeckel nicht ganz auf das Schnellkochtopfloch, sondern lass einen Spalt frei. Deiner Gesundheit zuliebe schnappst du nun zwei Topflappen, fixierst den Deckel auf dem Schnellkochtopf und schüttest die Gemüsebrühe aus dem Schnellkochtopf in den gemeinen Kochtopf. Das geht durch den eben hergestellten Spalt sehr gut. Je größer der Spalt, desto schneller ist die Brühe im anderen Topf. Ist der Spalt zu groß, merkst du das spätestens, wenn die ersten Kartoffeln in den anderen Topf plumpsen und deine Arbeitsplatte in der Küche mit lustigen Gemüsebrühenspritzern verunstalten. Von deiner Kleidung ganz zu schweigen. Hier hilft nur üben, üben, üben und immer dran denken: Wasser aus einem Topf abgießen ist viel leichter als es schwer ist! (Ok – der Topf ist schwer. Der Schnellkochtopf auch. Und gefüllt sowieso. Aber die Sache an sich ist nicht schwer. Das wollte ich damit sagen bzw. schreiben.)

Im Schnellkochtopf lümmelt nun das ganze wasserlose Gemüse herum. Jetzt ist die große Zeit für den Kartoffelstampfer gekommen. Stampfe alles im Schnellkochtopf kurz und klein. Sei konzentriert bei der Sache und stampfe alles zu einem Brei. (Denke nicht mal im Traum daran einen Pürierstab zu benutzen!)

---

[9]Wie du diesen beschleunigen kannst und wie viel Mut du dafür aufbringen musst erfährst du im Kapitel "Öffnen eines Schnellkochtopfs"!

Wenn du dich an die oben angegebenen Mengen gehalten hast, schmeißt du vorerst 2 Teelöffel Salz, einen viertel Teelöffel Pfeffer, 2 Esslöffel Gemüsebrühe und einen Teelöffel Majoran in den Schnellkochtopf. Ohne Löffel! Sei an dieser Stelle nicht übermütig. Glaube mir: Einmal zu viel ins Essen geworfenes Gewürz ist ungleich schwerer wieder zu extrahieren, als nach und nach bis zum richtigen Geschmack zu würzen. Mit den eben angegebenen Mengen bist du aber auf der sicheren Seite.
Kippe jetzt ein Viertel der Gemüsebrühe aus dem anderen Topf in den Schnellkochtopf. Massiere die Flüssigkeit mit dem Stampfer in das Gemüse rein. Stampfe und rühre mit Leidenschaft! Kippe wieder Gemüsebrühe nach und … genau. Und so weiter und so fort. Bis keine Brühe mehr da ist. Lass eher etwas Brühe übrig. Dann wird die Suppe dicker; was dem Geschmack keinen Abbruch tut. (Je ausdauernder du nach jedem Schüttvorgang stampfst und rührst, desto sämiger wird die Kartoffelsuppe. Je sämiger desto besser.)
Stell jetzt den Schnellkochtopf wieder auf den Herd und versorge letzteren mit ein wenig Energie. Während die Kartoffelsuppe nun noch einmal erhitzt wird, probierst du die Suppe und würzt mit Salz und Pfeffer und Gemüsebrühe und Majoran solange vorsichtig nach, bis sie dir richtig gut schmeckt.

Fertig!

Ich versichere dir, dass die Kartoffelsuppe im Schnellkochtopf völlig unkompliziert und einfach ist; dass das eigentliche Kochen ein Kinderspiel ist im Vergleich zu diesem Roman von einem Rezept. Zumal ich ja noch optional Verfeinerungen anbringen kann:

1. Würstchen

   du kannst optional Würstchen in ganzer Form oder kleingeschnitten zur Suppe dazugeben.

2. gebratene Jagdwurst/Fleischwurst

   Unter Jagdwurst verstehe ich die, welche ohne das Pistazienzeug daher kommt. Letztens hat es mich fast umgehauen, als ich beim Metzger 400g Jagdwurst begehrte und mir die gute Metzgerin so eine Wurst mit grünen Pistazieneinschüssen geben wollte. Da habe ich dann dagegen aufbegehrt! Es geht auch Schinkenwurst. Im Notfall Fleischwurst, aber die ist irgendwie uncool. Die Wurst wird in Würfelchen geschnitten und in einer Pfanne mit wenig Butter angebraten. Das kommt sehr gut in einer Kartoffelsuppe. So denn nicht bereits vorher alle Würfelchen von hungrigen Mitessern weggefuttert werden.

3. Pilze, frisch.
   Im Herbst ideal, wenn sie frisch aus dem Wald sind. Natürlich müssen die Pilze gereinigt und gewaschen werden. Dann kommen sie kleingeschnitten in die Suppe, wo sie noch ein wenig mitkochen dürfen.
4. Pilze, getrocknet.
   Wenn du mit der Kartoffelsuppe beginnst, greifst du dir eine Tasse oder kleine Schüssel. Dahinein gibst du die getrockneten Pilze und füllst das Gefäß mit Wasser auf. Lass das Gebräu stehen.

   Wenn der Schnellkochprozess sowie der finale Suppengang abgeschlossen ist liegt die Entscheidung bei dir: Schüttest du alles samt Pilzen in die Suppe oder nur die Pilzbrühe. Beides finde ich toll; bei den Pilzen kenne ich bereits 4 andere Menschen, die das anders sehen.
5. Petersilie:
   Ein Bund frische Petersilie, gewaschen und kleingehackt und kurz vor dem Servieren unter die Kartoffelsuppe gemischt, gibt der Suppe eine frische Note und erfreut durch das Grün auch das Auge, welche ja bekanntlich mitfuttert.

Dieses Rezept für Kartoffelsuppe im Schnellkochtopf wurde zuletzt gekocht in einem Fissler Vitavit Royal Schnellkochtopf. Es wurde alles aufgegessen. Restlos.

Kartoffelcremesuppe aus dem Schnellkochtopf

Gestern, Sonntag, war es wieder einmal so weit, dass Kühlschrank und Vorratsschrank nicht so viele Auswahlmöglichkeiten ließen. Kartoffeln waren da. Sie teilten sich ein Fach mit ein paar Zwiebeln. Etwas Sahne. Ein Becher Crème fraîche. Diverse Instantbrühen habe ich immer da. Meist Gemüsebrühe, Hühnerbrühe und dazu gesellen sich hin und wieder Rinderbrühe und Delikatessbrühe. Fleisch war keines vorhanden oder nur im tiefgefrorenen Zustand, was einer Unverzehrbarkeit nahe kommt.

Tja – was macht man daraus? Nichts und stattdessen zum Chinesen gehen? Das kam nicht in Frage. Das hatten wir erst kürzlich.

Ich gurgelte ein wenig in der Gegend herum und stieß auf ein Rezept für eine Kartoffelcremesuppe. Es tat nicht weh! Im Gegentum: alles las sich recht zügig und einfach und dauert nicht lange. Von einem Schnellkochtopf war keine Rede. Komisch. Stattdessen wurde vergleichsweise lange gekocht. Ich rechnete die Zubereitungszeit auf Schnellkochtopfverhältnisse um und kam zu dem Schluss, dass diese Kartoffelcremesuppe genau das richtige sei.

Ich kochte diese Kartoffelcremesuppe. Sie war lecker. Selbst äußerst kritische und wählerische Kinder bekundeten mehrmals kulinarisches Wohlgefallen!

Zutaten für Kartoffelcremesuppe im Schnellkochtopf

- 2 kg Kartoffeln (ich denke, ich kam auf diese Menge, eher war es etwas mehr. Aber nicht viel mehr)
- 1,25 Liter Brühe (wild gemischt, aber dazu komme ich später nochmal)
- 1,5cm Butter
- 1 Zwiebel(n)

- 1 Lorbeerblätter
- 1 TL Majoran, frisch
- 1 Becher Schlagsahne
- 1 Becher Crème fraîche
- 1 Msp. Muskat, frisch gerieben
- Salz, Pfeffer
- einen Schnellkochtopf

Wie du siehst – total trivial. Fast schon unwürdig aufzuschreiben. Wenn es denn nicht so gut geschmeckt hätte …

Vor das Kochen hat der "Herr der Kochlöffel" das Gemüse säubern gesetzt. Wenn du die Zutatenliste aufmerksam studiert hast, wirst du erleichtert feststellen, dass da herzlich wenig Gemüse dabei ist. Wenig in der Artenvielfalt, recht üppig in der Menge.

Schäle zunächst die Kartoffeln! Bediene dich dafür eines Gemüseschälers. Ich für meinen Teil schwöre ja auf die sogenannten Pendelschäler.[10] Aber das kann auch daran liegen, dass ich seit meiner Konvertierung vom reinen Messerschäler zum Pendelschäler keinen anderen Gemüseschäler ausprobiert habe. Wozu auch – diese Pendelschäler funktionieren bei Kartoffeln wunderbar.

Die Kartoffelschalen müssen übrigens nicht(!) noch stunden- oder tagelang auf der Arbeitsplatte liegen! Nach dem erfolgreichen Schälvorgang können die gleich in den Biomüll wandern. Das ist einer aufgeräumten Küche echt zuträglich. Glaub mir!

Die entkleideten Kartoffeln werden gewaschen. Dazu nimmst du am besten Wasser. Das hat sich so durchgesetzt und muss nicht neu erfunden werden. Es tut gut, auf

---

[10] Ich habe lange nicht gewusst, dass ich einen Pendelschäler benutze. Bis ich die Dinger mal gesucht und gefunden habe: http://www.schnellkochtopf-rezept.de/pendel

Bewährtes zurückgreifen zu können.

Jetzt kommt ein vorweggenommener kulinarischer Knalleffekt: Lege 5 Kartoffeln beiseite. Die brauchen wir für etwas anderes, wofür wir später noch genug Zeit haben. Keine Bange – die werden in der Zwischenzeit nicht schlecht.

Die restlichen Kartoffeln überführen wir aus dem eiförmigen (oder quaderförmigen) Aggregatzustand in den Scheibenzustand. Die Scheiben sollten dabei wirklich Scheiben und keine Bretter sein. So maximal 5mm dick. Miss nach! – Nein Quatsch. Es sollen halt Scheiben sein, ok?

Grapsch dir nun die Zwiebel, entmantel diese und zerschnippel die Zwiebel nach dem Waschen in kleine Würfelchen.

Wenn dir dieser Abschnitt zu schnell war kann ich dich beruhigen – es geht gleich wieder geruhsamer zu.

Hast du einen Wasserkocher? Wenn ja – dann geht es dir wie mir. Wenn nicht – musst du auf andere Methoden zurückgreifen, um heißes Wasser herzustellen.

Ich bereite die Gemüsebrühe für nachher immer schon vorher zu. Dazu erhitze ich ca. 1l Wasser im Wasserkocher. Das geht schnell und ist energiesparender als das Wasser im Topf zu kochen. Dann nehme ich mir einen Messbecher und kippe das heiße Wasser dazu. Meist passt so 1l Wasser rein.

Für die nachher benötigte “Brühe” habe ich gut 1,5EL Gemüsebrühe, 0,5 EL Rinderbrühe und 0,5EL Hühnerbrühe verwendet. (Ulkige Mischung? Macht nichts. Denke daran was ich oben schon geschrieben habe: Die Suppe war ein Erfolg!) Probiere die aufgelöste Brühe. Sie sollte nicht widerlich nach Brühe schmecken, sondern bekömmlich sein. Ist sie widerlich? Strecke die Brühe solange mit Wasser, bis sie bekömmlich ist!

Nimm dir jetzt deinen Schnellkochtopf zur Hand und stelle ihn auf den Herd. Wirf ein ca. 1cm dickes Stück Butter in den Topf. (Tipp am Rande: Das kann ein lustiges Spiel für einen verregneten Nachmittag sein: Stelle den Schnellkochtopf auf den Herd, male Striche in unterschiedlichen Abständen zum Schnellkochtopf auf den Küchenboden, teile die Butter in kleinere Stückchen auf und lass Kinder oder Familienangehörige ein erfreuliches Butterzielwerfen veranstalten. Das bringt Heiterkeit und gibt jedem das gute Gefühl, seinen Teil zum Essen beigetragen zu haben. Tipp2: Wische die Küche vorher und ggf. nachher sauber durch!)

Bring die Butter zum Schäumen. Das gelingt am besten dadurch, dass du den Herd einschaltest. Die Butter schmilzt recht zügig dahin und entwickelt einen zarten Schaum. Das ist der Augenblick auf den die Zwiebelstückchen gelauert haben. Kippe die Zwiebeln in die schäumende Butter. Hau die Kartoffelscheiben gleich dazu. Kümmere dich nun für so 3-4min rührend um deinen Schnellkochtopfinhalt. Viele nennen das “Anschwitzen”. Keine Bange, du schwitzt nicht (und wenn doch, solltest du vielleicht über etwas Sport nachdenken oder die Heizung runterdrehen oder das Fenster ein wenig öffnen), sondern die Zwiebelkartoffeln schwitzen an.

Nach den besagten 3-4min “schwitzen” löscht du den Schnellkochtopf-Inhalt in dem du die Brühe hinein schüttest. Wirf so 1TL Salz, einen viertel TL Pfeffer, einen halben TL Majoran und ein Lorbeerblatt dazu. Schließe den Schnellkochtopf. Bring jetzt den Schnellkochtopf auf Touren und gare den Inhalt so 7min. (Die Zeit läuft, wenn der Stöpsel des Ventils die erste rote Markierung erreicht hat. Reduzieren dann die Energiezufuhr auf ein Minimum. Danach stellst du den Herd aus und lässt den Druck gemütlich das Weite suchen.)

In der Zwischenzeit …

Du erinnerst dich noch an die 5 Kartoffeln, die wir vorher separiert haben? Die kommen jetzt an die Reihe.

Mach aus den Kartoffeln Kartoffelwürfel. Das geht ganz einfach: Du schneidest zunächst eine Kartoffel in ca. 1cm breite Scheiben. Dann schneidest du die Scheiben in ca. 1cm dicke Stifte. Schneide nun die Stifte in Würfelchen. Ganz easy, nicht?

Mach das mit jeder Kartoffel. Keine Lust. Ruf die Kinder herbei und lass die das machen. Das ist einfaches Kochhandwerk bei dem die lieben Kleinen spielend den Umgang mit mehr oder weniger scharfen Messern erlernen können.

Greife dir nun eine kleine Pfanne und befördere so 0,5cm Butter in selbige. Zerlasse die Butter und hau dann die Kartoffelwürfel in die Pfanne. Brate diese rundum gut an, so dass sie eine goldene Farbe bekommen. Gern darfst du die Bratkartoffelwürfel noch würzen; du musst aber nicht. Ich musste. Ich tat dies mit etwa 2 Prisen Salz, 1 Prise Pfeffer und einer Prise Majoran.
Schnapp dir eine Schüssel, lege 2 Blätter Küchenkrepp hinein und löffle die Bratkartöffelchen in die Schüssel. Der Krepp saugt das Fett etwas auf. Das ist der Figur zuträglicher.

In der Zwischenzeit ....

... ist der Druck aus dem Schnellkochtopf entwichen. Nicht? Hilf dem etwas nach.

Suche das Lorbeerblatt und wenn du es dann gefunden hast, fang es und fische es aus dem Schnellkochtopf heraus. (Ich vergaß das und pürierte es einfach mit. Hätte ich nicht von meinem Fauxpas erzählt – keiner hätte es gemerkt!)

Öffne den Schnellkochtopf. Hmmmm... das riecht gut! Die Kartoffeln müssten weich sein und sich in der Brühe aalen.

Schnappe dir deinen Pürierstab. Schließe ihn vorschriftsmäßig an der Steckdose an, tauchen das andere Ende in die Suppe und püriere alles kurz und klein. Obacht! Ein Pürierstab beschleunigt selbst eine Suppe enorm und es kann herausspritzen. Treffen die Spritzer nackte Haut, so schmerzt das ein wenig. Du wirst ab der Stelle automatisch vorsichtiger. Garantiert!
Die Kartoffel-Brühe entwickelt im Laufe des Pürierens eine dicke Konsistenz. Sollte dir das zu dick werden (was eine Sache der persönlichen Vorlieben ist) gib einfach etwas Wasser hinzu.

Jetzt ist Zeit für die Sahne gekommen, welche du einfach in die dicke Suppe kippst. Ich hatte keine 200ml Sahne – nur so ca. 100ml, also behalf ich mir mit etwas Milch. Das geht auch. Püriere weiter.

Schmecke jetzt ab und gib noch so viel Salz, Pfeffer und Majoran hinzu, bis es dir schmeckt.

Mische abschließend noch eine Prise Muskatnuss darunter.

Du bist fertig!

Serviere die Kartoffelcremesuppe in einem Teller (pro Portion!) und gib ein paar der Bratkartoffelklötzchen in die Suppe. Diese bieten a) einen netten Blickfang und b) schmecken sie einfach köstlich mit der Suppe. Gern kannst du Creme fraiche dazu reichen.

Wenn Kinder diese Kartoffelcremesuppe essen sollen empfehle ich dir alternativ klein geschnittene Würstchen anzubieten. Während die Kids dann die Würstchen aus der Suppe löffeln, bekommen sie automatisch eben diese Suppe auch dazu und finden so bestimmt Geschmack daran. Jedenfalls haben meine begeistert gelöffelt!

Guten Appetit.

Karotten-Kartoffel-Eintopf im Schnellkochtopf

Ich liebe ja die einfachen Gerichte in der Küche. Ich liebe es noch mehr, wenn ich die Gerichte mittels Schnellkochtopf noch mehr vereinfachen kann. Ich liebe es, wenn das Essen nachher so gut schmeckt, dass ich mich "reinlegen" könnte. Ich liebe einen guten Eintopf. Ich liebe Karotten-Kartoffel-Eintopf aus dem Schnellkochtopf.

Nach so viel Liebe sollte ich langsam den Dreh finden und mich dem Rezept widmen. Einen Moment noch, bitte.

Dieses Rezept widme ich meiner Schwester, die sich gewünscht hat, dass ich mal aufschreibe wie ich einen Karotten-Kartoffel-Eintopf mache.
Soviel Zeit musste noch sein. Aber jetzt geht's los!

Zutaten für Kartoffel-Karotten-Eintopf

- 1kgKartoffeln
- 1 Bund Karotten
- 1 Zwiebel
- 1 Bund Suppengrün
- etwas Butter
- Gemüsebrühe, Salz, Pfeffer, Kümmel (wahlweise gemahlen)

Na – die Zutatenliste ist ja recht übersichtlich, oder?

Vielleicht fällt es dir ja gleich auf, vielleicht auch nicht, aber hier fehlt eindeutig was: Fleisch! Dies hier ist die fleischlose Variante. Ich verspreche, dass ich zu einem späteren Zeitpunkt ein Rezept für diesen Karotten-Kartoffel-Eintopf mit Fleisch notieren werde. Natürlich im Schnellkochtopf. Das versteht sich ja von selbst.

Beginnen wir mit der Zubereitung dieses überaus leckeren, gesunden, vitaminreichen, einfachen, trivialen Futters.

Tja – bei dieser Menge Gemüse, welches bis dato sein Leben unter der Erde verbracht hat, ist es notwendig erst mal sauberzumachen. Die gefürchtete, oftmals als lästig empfundene Kochdisziplin "Gemüse säubern, schälen, schnippeln" steht als Erstes an. (Ich vermute mal folgendes: Wenn es vielleicht eine Art modernen Siebenkampf im Kochen geben würde, so wie bspw. in der Leichtathletik, dann wäre das eine der Disziplinen!)

Kochende Jahrhunderte brachten den Menschen dazu, gerade Gemüse vor der Zubereitung zu säubern. Ich tippe darauf, dass es irgendwann mal jemanden gab, dem die ganzen Sandkrümel beim Auslöffeln seiner Suppe zu blöd wurden. Oder das einem angehenden frühzeitlichen (Schnellkochtopf-?)Gourmetkoch die Kartoffeln oder die Karotten in den Bach fielen, woraufhin er sie erst wieder herausangeln musste und feststellte, dass das Zeug ohne Erde um ein Vielfaches besser schmeckt.) Dieser kulinarischen Tradition folgend, werden die Kartoffeln geschält. Die Karotten ebenfalls. Und wenn wir gerade dabei sein, kann das Suppengrün auch einer Frischwasserkur unterzogen werden. Die Sellerie wird etwas abgeschält, die Karotten geschält, der Lauch entblättert. Gerade bei letzterem treten mitunter sandige Halden zum Vorschein, die einem Tagebau zur Ehre gereichen würden. Stell dir diese Abraummengen in der Suppe vor. Bäh!

Die Kartoffeln werden in Würfelchen geschnitten. Die Karotten ebenfalls. (Irre – wie sich das immer ähnelt. *g*) Das kann recht mühsam sein, doch mit der Zeit geht das immer flinker von der Hand.

Tipp für große Karotten: Mach das mit ein großes Gemüsemesser. Teile die Karotte in der Hälfte. Lege dann die eine Hälfte auf die flache Seite und teile die Hälfte in Streifen. Hierzu ist das große Gemüsemesser eine echte Wohltat. Hast du aus der Karotte lange Karottenstifte gebastelt, legst du diese zusammen und schneidest nun immer hübsch von einer Seite zur anderen kleine Würfel ab. Das geht immens viel einfacher als …. anders halt.
Die Zwiebel wird ausgezogen und gewaschen. Anschließend schneide ich sie bei dieser Form des Eintopfs in kleine Würfelchen. Wie das am geschicktesten funktioniert, habe ich bereits öfter notiert.

Die Butter wird im Schnellkochtopf zerlassen. Schneide dafür ruhig so 1cm vom Stück ab (quer). Die Zwiebel findet sich auch im Topf ein und wird etwas angedünstet. Anschließend bewirfst du den Topf mit dem Suppengrün, welches nicht(!) zerkleinert ist. Absolut unnötiger Aufwand wäre das. Fülle den Topf bis zur Hälfte mit Wasser auf. Und ab auf den Herd damit. Gib jetzt volle Energie unter den Schnellkochtopf und wenn sich der zweite Ring am Schnellkochtopfdeckel zeigt lässt du dem Spaß noch 5min bei minimaler Energie. Anschließend kannst du entweder warten, bis sich der Druck von allein verpfiffen hat oder du beschleunigst das Ganze, indem du mutig manuell Dampf ablässt oder den Schnellkochtopf unter kaltes Wasser stellst. Probiere einfach aus, was dir am meisten Spaß macht. (Ich warte immer bis sich der Druck allein aus dem Staub gemacht hat und helfe ab und zu lediglich mit dem Druckventil ein wenig nach.)

Das Suppengrün-Zeug wird aus dem Wasser gefischt und beiseite gestellt. (Ich will keinen Lauch und keine Sellerie in dem Schnellkochtopf-Eintopf haben; in anderen Eintöpfen schon!) Jetzt kommen die zerkleinerten Kartoffeln und Karotten in den Topf. Im Normalfall reicht die Brühe, welche wir gerade hergestellt haben völlig aus, so dass wir uns die weitere Flutung des Topfes sparen. Einen guten Esslöffel voll

Gemüsebrühe rein; Salz, Pfeffer gesellen sich munter dazu und wenn du die vorrätig hast, schmeißt du noch einen halben Esslöffel Hühnerbrühe dazu! Musst du aber nicht.

Jetzt kommt der Knackpunkt an diesem Rezept: Kümmel! Ich liebe Kümmel in diesem Eintopf. Dieser Duft, der dem Topf entflieht. Ich kenne Menschen in meiner sehr nahen Umgebung, die es hassen beim Essen einer Suppe auf Kümmel zu stoßen. Ich schere mich sehr oft nicht die unausweichliche Schelte und gebe mit verschmitztem Grinsen einen TL Kümmel in den Topf. Wenn ich etwas subtiler aufgelegt bin, mahle ich den Kümmel vorher. Aber Kümmel kommt mit rein. Notfalls berufe ich mich immer auf Jahrhunderte der Eintopfkochkunst und dem gesunden Einfluss des Kümmels auf die Verdauung.

Schließe den Schnellkochtopf wieder und powere den Herd noch einmal zur Höchstleistung. Bis der erste Ring erscheint. Oder die Markierung für die erste Garstufe. Das ist je nach Schnellkochtopf-Modell unterschiedlich. Dann reduzierst du die Energiezufuhr auf ein Minimum und überlässt den Topf wieder so 7min sich selbst. Länger braucht‘s wirklich nicht, denn das Gemüse ist bereits klein und braucht daher nur kurze Zeit um weich zu werden.

Warte dann wieder bis sich der Druck im Schnellkochtopf abgebaut hat.
Abschmecken ist angesagt! Mittels vorsichtigem, schrittweisem Einsatz von den bereits genannten Gewürzen stellst du nun den von dir bevorzugten Geschmack her.

Achtung! Koste nicht direkt aus dem Topf! Niemals! Merke dir das! Belege den Versuch, mit einem Löffel in den Topf zu gehen, zu kosten und dann nochmal zu kosten mit einem Tabu!

Ich benutze immer eine kleine Tasse, in welche ich etwas Brühe schöpfe. Mit einer Schöpfkelle! Dann probiere ich aus der Tasse. Das verhindert erfolgreich, dass

Speichel in die Suppe kommt.

…. Fertig!

Eine Suppe welche fleischlos und doch lecker ist, welche einfach so ohne viel Aufwand entsteht. Dazu kann man sehr gut Butterbrote reichen.

Fazit: Einfach, fleischlos – lecker.

Powertipp: Wenn du unter gar keinen Umständen auf Fleisch verzichten möchtest, die Suppe selbst aber vegetarisch bleiben soll, so empfehle ich dir folgende optionale Erweiterung: Bratwürste. Also die, wo das Mett noch unverarbeitet in der Pelle schlummert. Kaufe vorher eine Packung von den Dingern. Ob grob oder fein ist egal. Je nach fleischsüchtigen Mitessern reichen so 3-4 dieser Würste. Erhitze Wasser in einem separaten Topf und gib etwas Gemüsebrühe dazu. Dann drücke kleine Mengen des Bartwurstmetts aus dem Darm und lass die Klößchen in den Topf fallen. Die Dinger kochen sich dann in eine feste Form.

Bei uns hat es sich bewährt, diese Klößchen als Zugabe für die Fleischfresser bereitzustellen. Schmeckt sehr, sehr lecker. Jedenfalls mir. Und Kindern, denen man damit sogar einen Karotten-Kartoffel-Eintopf schmackhaft machen kann. Auch aus dem Schnellkochtopf. :-)

Brühkartoffeln in kräftiger Fleischbrühe

Es gibt Suppen oder Eintöpfe – an die erinnere ich mich noch heute im fortgeschrittenen Alter jenseits der 40 sehr gern. Brühkartoffeln gehören unbedingt dazu. Mein Vater konnte die so kochen, dass ich mir Badewannen voll davon vorstellen konnte. So gut war die Suppe. Oder ist's eher ein Eintopf? Egal.

Später dann, mit meinem Aufprall im schwäbischen Ländle lernte ich den Gaisburger Marsch kennen und stellte fest, dass es sich dabei auch nur um Brühkartoffeln handelt – nun aber noch mit Spätzle angereichert. Ich versichere dir, dass die Spätzle nicht sein müssen und gern durch etwas mehr Kartoffeln ersetzt werden können. Dann hast du Brühkartoffeln.
Dazu kommt: Brühkartoffeln oder Gaisburger Marsch (light) ist wie geschaffen für den Schnellkochtopf. Die Suppe gelingt wie von selbst und schmeckt himmlisch.

Zutaten für Brühkartoffeln

- ca. 500-700g Kochfleisch
- ca. 2kg Kartoffeln
- 1 Zwiebel
- 1 Bund Suppengrün
- Salz
- 4 Pimentkörner
- 3 Wacholderbeeren
- 1 Lorbeerblatt
- 4 Pfefferkörner
- 2 Nelken
- Gemüsebrühe
- 3-4 Teelöffel Kümmel (ganz)

Auch wenn es viel aussieht – genaugenommen sind die Zutaten recht übersichtlich. Machen wir uns ans Werk.

Das Kochfleisch wird gewaschen und in den Schnellkochtopf gegeben, in welchem vorher bereits der Siebeinsatz verschwunden ist. Das der Siebeinsatz zum Einsatz kommt hat lediglich den Grund, dass wir uns das endlose Fischen in der Brühe nach Lorbeerblatt und Körnern sparen können. Außerdem können wir so das Fleisch und Suppengemüse auf das Leichteste aus dem Schnellkochtopf heben. Du wirst sehen, wie leicht das ist, wenn man vorher dran denkt.

Das Suppengemüse wird geputzt:

1. die Sellerie-Scheibe wird von der Schale befreit, gewaschen und in den Topf befördert
2. die Zwiebel wird grob von losem Unrat befreit, kurz unter Wasser abgespült und ebenfalls in den Schnellkochtopf geworfen
3. die Karotten schälen wir mittels eines geeigneten Werkzeugs, waschen ~~und pudere~~ sie und – genau – hauen sie in den Schnellkochtopf
4. den Lauch entblättern wir Schicht um Schicht und spülen die Erdmassen, die vielleicht sichtbar werden hinfort. Anschließend wandert auch der Lauch in den Topf.
5. Die Petersilie brauchen wir noch nicht.

Die Reihenfolge ist beliebig – Du kannst nach Lust und Laune variieren.
Die ganzen Gewürze (bis auf den Kümmel, Salz und Gemüsebrühe) aus den Zutaten finden ihren Bestimmungsort beim Fleisch und Suppengemüse im Topf.

Letzterer wird nun geflutet. Bei ca. 2 Dritteln ist der optimal verträgliche Füllstand erreicht. Prüfe den Schnellkochtopfdeckel und den korrekten Sitz von Dichtungsgummi und Sicherheitsventil. Schließe den Schnellkochtopf und sorge dafür, dass ihm richtig heiß wird. Idealerweise geschieht dies auf einer Kochstelle, Cerankochplatte oder Induktionsschleife. Offenes Lagerfeuer und brennende Teelichter sind als Befeuerung denkbar ungeeignet.

Sobald sich der Schnellkochtopf der zweiten Garstufe nähert (full power), reduzierst du die Energiezufuhr und überlässt das Ganze für gut 40-45min sich selbst.

Indes du aber nicht Zeit und Muße hast, um z.B. zu lesen: nein - die Kartoffeln lechzen nach deiner Aufmerksamkeit. Das Kartoffelschälen nimmt dir leider niemand ab. Es sei denn Mutter oder Schwiegermutter oder Oma drängeln sich in die vorderste Front und wollen selbst Hand anlegen. Tritt dieser glückliche Umstand ein zögere nicht, durch wohlwollendes Schweigen oder das gänzliche Unterdrücken von Widerstand zu glänzen. Sorge nur dafür, dass die geschälten Kartoffeln gewaschen und in Würfelchen geschnitten ("geschnippelt") werden. Die Kantenlänge der Würfelchen sollte 1cm nicht nennenswert überschreiten, doch so genau brauchst du das nicht nehmen. Ich konnte nie beobachten, dass die Brühkartoffel-Würfelchen einer Messreihe unterzogen wurden.

Tja – das war's dann auch schon fast. Viel bleibt nicht mehr zu tun.

Nach den angesagten 45min Kochzeit lassen wir den Schnellkochtopf den Dampf ablassen. Hier kannst du entweder Geduld beweisen oder nachhelfen.
Ist der Dampf verschwunden und lässt sich der Schnellkochtopf gefahrlos öffnen, förderst du den Siebeinsatz aus dem Topf. Ich nehme dazu immer 2 Gabeln: mit einer Gabel fische ich nach dem Henkel des Einsatzes, hebe diesen dann damit an und mit der zweiten Gabel sorge ich dafür, dass der Einsatz nicht einfach umkippt und seine Innereien in den Topf ergießt. Das würde weiteres Fischen nach sich ziehen.

Das Kochfleisch wird auf einem Kochbrett und einem Fleischmesser in mundgerechte Stücke geteilt. Was als "mundgerecht" durchgeht weißt du am besten. Es ist dein Mund bzw. die Münder deiner Mitesser. (bäh!) Die Fleischstückchen finden sich daraufhin im Schnellkochtopf wieder. Die Kartoffelstückchen finden das ganz wunderbar und gesellen sich dazu. 1 TL Kümmel kann in den Topf geschmuggelt werden. (Das sorgt bei meiner Familie hinterher immer für Proteste, weshalb ich manchmal dazu übergehe, den Kümmel in gemahlener Form in die

Suppe zu geben! Die anderen Male lege ich es drauf an und beharre darauf, dass Kümmel einfach in diese Suppe gehört. Basta!)

Schließe den Schnellkochtopf wieder und koche das Ganze auf Stufe 1 für 10min. Das reicht. Inzwischen servierst du den Menschen die das mögen, das zerkochte Suppengemüse; gerade die Karotten finden bei meinen Suppenessern reißenden Absatz. Ich kann das nicht nachvollziehen, aber so sorgen selbst potentielle Abfälle für Freude. Der Rest des Suppengemüses geht den Weg alles Irdischen. Und Tschüss!

Die Petersilie wird gewaschen, mittels Gemüsemesser gehackt und noch kurz beiseite gestellt.

Die Brühkartoffeln dürften nun fertig sein. Was noch fehlt sind Gewürze! Wie immer gilt: Vorsicht ist die Mutter der Gemüsesuppe! Beginne in etwa so: 2 EL Gemüsebrühe, 1 TL Salz. Pfeffer brauchst du vermutlich keinen mehr. Immerhin hatten wir ja Pfefferkörner mit zur Brühenherstellung genutzt. Taste dich sich dann mit Gemüsebrühe und Salz langsam weiter vor. Aber viel mehr wirst du bestimmt nicht brauchen: Die Brühe hat durch die vielen Gewürzzutaten bereits einen sehr, sehr kräftigen und ausgeprägten Geschmack. Der Kümmel rundet das Ganze noch ab.

Streue kurz vor dem Essen die gehackte Petersilie in den die Suppe. Reiche zur Suppe am besten leichte Butterbrote. Die kommen immer sehr gut dabei. (Noch etwas, was ich so nicht euphorisch nachvollziehen kann. Aber dennoch bereite ich den Meinen diese Freude. So gut bin ich. Hach. ;)

Fazit: Die Brühkartoffeln sind eine besonders leckere und einfache Suppenvariante. Wenn du etwas weniger Kartoffeln nutzt und die weggelassenen Kartoffeln später beim Servieren durch Spätzle ersetzt – dann hast du einen Gaisburger Marsch.

Dies benötigst du für die Brühkartoffeln im Schnellkochtopf:

- 1 Schneidbrett
- 1 Gemüsemesser und/oder Kochmesser
- 1 Gemüseschäler
- 1 Kochlöffel
- 1 Schnellkochtopf
- 1 Schöpfkelle

Noch ein Tipp am Ende: Die Fleischbrühe kann gut und gern zum Teil eingefrostet werden und später als Basis für andere Suppen dienen. Strecke die restliche Brühe einfach mit Wasser. Mach das VOR dem Würzen!

Erbsensuppe im Schnellkochtopf

Manchmal muss es einfach deftig sein. Und zwar so richtig deftig. Kaum ein anderes Gericht assoziiere ich mit “deftig” wie eine Erbsensuppe. Im Schnellkochtopf gelingt eine Erbsensuppe wie von selbst. Ein weiterer Vorteil der Erbsensuppe: sie ist extrem billig und dank Schnellkochtopf auch sehr schnell zubereitet. Länger als 20min brauchst du dafür nicht.

Zutaten für Erbsensuppe (4 Portionen)

- 4 große Karotten
- 4 große Kartoffeln
- 300g Schälerbsen
- Gemüsebrühe
- Rauchspeck
- Majoran

Wie versprochen gestalten sich die Zutaten für die Erbsensuppe im Schnellkochtopf ausgesprochen übersichtlich. Die Vorbereitungen halten sich in Grenzen. Versprochen.

> *Was zum Geier sind Schälerbsen?*
>
> *Schälerbsen sind Erbsen, die nach der Ernte geschält und während des Schälens von ihrer harten Schale getrennt wurden. Die Kochzeit dieser Erbsen beträgt ohne Schnellkochtopf ca. 60 – 90 Minuten. Für besonders sämige Suppen oder Erbspüree sind Schälerbsen genau das Richtige.*

Machen wir uns ans Werk!

Kartoffeln und Karotten sind sehr erdverbundene Früchtchen, weshalb sie traditionell eine gewisse Anziehungskraft auf Erde ausüben. Diese innige Liebe gilt es brutal zu zerstören, weil wir Menschen es nun mal nicht mögen, wenn es beim Essen zwischen den Zähnen knirscht. Auch Erbsensuppe aus dem Schnellkochtopf macht da keine Ausnahme. Mittels eines Gemüseschälers gelingt es uns recht einfach, Karotten und Kartoffeln von Dreck und den Schalen zu befreien. Früher habe ich das mit einem kleinen Schälmesser gemacht, bis ich die Vorzüge eines spezialisierten Schälers kennenlernen durfte. Im Selbstversuch! Ich war begeistert! Und ich schweife mal wieder ab.

Wir wollen ja eine Erbsensuppe kochen. Und bisher kommen noch recht wenige Erbsen in diesem Rezept vor. Dem gilt es nun entschlossen zu begegnen.

Zu den Erbsen kommen wir also gleich. Zunächst widmen wir uns noch ein wenig dem anderen Gemüse. Nachdem die Karotten und Kartoffeln geschält und gewaschen sind(!) werden diese zerkleinert. Ein Kochmesser und ein Küchenbrett leisten hier unschätzbare Dienste. Aufgrund der übersichtlichen Menge der Karotten und Kartoffeln geht das ratzfatz. Das zerkleinerte Gemüse wandert sogleich in den Schnellkochtopf. Einen Siebeinsatz brauchen wir aber nicht!

Tipp: Wenn du es noch etwas kräftiger haben möchtest probiere mal folgendes: bevor das Karotten-Kartoffel-Klein in den Schnellkochtopf befördert wird, zerlasse etwas Butter im Topf und dünste eine kleine, geschnittene Zwiebel in der Butter an! Kippe dazu dann die Kartoffelstücken und das Karotten-Klein und dünste dieses noch ein wenig mit!

Jetzt kommen wir zu den Erbsen. Die erfordern überhaupt keinen Aufwand und purzeln in den Schnellkochtopf! Das war einfach, nicht wahr? Besser als wenn du die Erbsen vorher schälen müsstest! Deshalb nehmen wir Schälerbsen. ;)

So eineinhalb Liter Wasser lassen wir anschließend in den Schnellkochtopf laufen. Dazu geben wir die Gemüsebrühe. Wie viel? Sagen wir 4 TL reichen vorerst.

Deckel auf den Schnellkochtopf, verriegeln und volle Herdkraft voraus! Gib alles was der Kochherd liefern kann unter den Schnellkochtopf. Wenn die erste Garstufe erreicht ist reduzierst du die Hitze auf ein Minimum und überlässt den Schnellkochtopf sich selbst. Er kommt ab jetzt für 15min ganz gut allein klar.

Die Zeit nutzen wir um uns dem Speck zu widmen. Ich nehme dazu ja ganz gern Bauchspeck. Diesen schneide ich zunächst in Scheiben, welche ich wiederrum in Streifen zersäbele. Die Streifen erfreuen sich nur einer kurzen Lebensspanne, weil ich sie einfach in kleine Stückchen a 50mm zerteile. Ein scharfes Fleischmesser ist das ideale Werkzeug dafür; das geht am einfachsten und dient dem Abblocken von Kochfrust!

Eine kleine Pfanne findet sich überrascht auf einer Herdplatte wieder und ist überglücklich über die Speckstückchen, welche du in ihr drapierst. Ohne Energie geht auch jetzt nichts. Sorge für Hitze unter der Pfanne und brutzle den Speck knusprig.

Die Kochzeit des Schnellkochtopfs dürfte sich dem Ende geneigt haben. Ziehe folglich den Schnellkochtopf von der heißen Platte und lass ihn langsam den Druck abbauen. Das dauert nicht lange.

Sobald der Druck das Weite gesucht hat öffnest du den Schnellkochtopf und erfreuest dich sich am deftigen Duft. Kippe jetzt einfach den Speck dazu. Ohne das flüssige Fett! Schnappe dir einen Löffel und löffle die Speckstückchen in den Schnellkochtopf.

Ein, zwei Prisen Majoran sind fix im Topf verteilt, gut umrühren und … abschmecken. Salz und Pfeffer in Maßen geben der Erbsensuppe im Schnellkochtopf den letzten Schliff. Wie immer gilt: Vorsicht ist die Mutter des Suppenkochs! Viele Suppen sind bereits an dieser Stelle frühzeitig an Versalzung gestorben! Also schmecke so nach und nach ab.

Ähm …. wo war ich … ach ja: Fertig!

Lass es dir schmecken!

Angebrannt: Linsensuppe mit Cabanossis im Schnellkochtopf

Gleich zu Beginn eine wichtige Durchsage: "Das heutige Rezept Linsensuppe im Schnellkochtopf (optional mit Cabanossis) kommt in zwei Teilen."

Ein Hinweis auf die Ursache dieses nervenkostenden Zweiteilers gibt bereits der

Titel. Mehr wird aber nicht verraten. Zur Beruhigung deiner Nerven möchte ich jedoch anmerken, dass weder jemand zu Schaden kommen noch eine Hungersnot über diesen Abend hereinbrechen wird.

Genug vorgeredet. Ich komme nun zum theoretischen Teil des Rezepts für den Schnellkochtopf: Linsensuppe mit Cabanossis.

Dieses Linsen-Rezept ist von Natur aus als vegetarisches Rezept ausgelegt. Nur am Ende kommt für Fleischfresser der sogenannte Cabanossi-Faktor ins Spiel. Vegetarier lassen diesen Faktor einfach weg.

Jetzt aber …

Zutaten für Linsensuppe im Schnellkochtopf

- 1 Zwiebel
- 1 Knoblauchzehe
- 1 EL Öl
- 200g braune Linsen
- ½ l Gemüsebrühe (Instant)
- 300g Kartoffeln
- 300g Möhren
- 1 Dose Tomaten (400g)
- Salz
- Pfeffer
- 1 TL getrockneter Majoran
- 150g Mini-Cabanossi (optional)
- eventuell etwas saure Sahne

Die Zubereitung dieser Suppe geht superschnell. Innerhalb einer halben Stunde bist du fertig.

Schäle Zwiebel und Knoblauch. Wende danach nun die Quadratur einer Knolle an. Eine sehr detaillierte Anleitung dafür (zum Schneiden einer Zwiebel) findest du im Kapitel mit den Tipps. Mit dem Knoblauch machst du genau das gleiche. (Frage mich bitte nicht, wieso ich gerade auf "Quadratur der Knolle" gekommen bin. Schoß einfach durchs Hirn und direkt in die Finger, welche wiederum die Tastatur zielgerichtet bedienten. Erstaunlich was manchmal mit dem menschlichen Körper passiert!)

Bastle dir sich am besten gleich noch die Gemüsebrühe. Idealerweise passiert das wie folgt: Mit einem Wasserkocher machst du die erforderliche Menge Wasser heiß. Ist dieses fertig, kippst du das Wasser in einen Messbecher. Damit hast du die volle Kontrolle darüber, nicht aus Versehen im Eifer des Kochgefechts zu viel oder zu wenig Wasser zu benutzen. Auf einen halben Liter heißes Wasser kannst du gut 1EL Instant-Gemüsebrühe geben. Verrühre die Brühe etwas und koste sie. Ist die Brühe zu lasch würzt du mit Gemüsebrühe vorsichtig weiter, bis du zufrieden bist. Ist die Brühe zu stark, verdünne sie mit Wasser.

Stelle jetzt den Schnellkochtopf auf den Herd und kippe einen guten EL Öl rein. Das brauchst du nicht extra abzumessen. Als ungefähre Richtung soll die Menge "1EL" gelten. Eine halbe Flasche Öl ist extrem zu viel. Du verstehst was ich meine? Erhitze das Öl und verhilf den Zwiebel- und Knoblauch-Quaderchen zu einem heißen Ölbad. Wenn es zischt und brutzelt kannst du davon ausgehen, dass es dem Zwiebelknoblauch sehr gut geht. Zeigen sich erste bräunliche Spuren im Topf schüttest du die Linsen in den Topf. Verrühre alles hübsch miteinander und gieße die Gemüsebrühe dazu. Schließe den Schnellkochtopf und heizen darunter los was der Herd hergibt. Zeigt sich der 2. Ring vom Ventil (oder der adäquaten Garstufenanzeige), reduzierst du die Energie auf ein Minimum und lässt den Schnellkochtopf für 6min weiterarbeiten. Anschließend ziehst du den Topf von der heißen Platte und lässt ihn abkühlen.

Meanwhile ….

In der Zwischenzeit schälst du Kartoffeln und Karotten, wäscht diese und schnitzt danach kleine Würfel daraus. Indes der Schnellkochtopf vom Druck befreit ist ….

Öffne den Schnellkochtopf mit den Linsen sobald der Druck sich verzupft hat. Sollte sich nur noch wenig Brühe darin befinden (Linsen saufen Brühe wie nix weg), kippst du etwas heißes Wasser nach. Ungefähr 1cm über Linsen-Oberkante unterbrichst du die Wasserzufuhr. Anschließend beförderst du die Kartoffel-Karotten-Würfel in den Topf. 1TL Salz, 1TL Pfeffer und 1TL gerebelter Majoran freuen sich ebenfalls über den Topfgang. Öffne jetzt die Tomatendose(n) und hau deren Inhalt in den Topf. Schließe den Schnellkochtopf wieder und gib erneut Energie bis zur Stufe 2 (2. Ring). 4min sollten nun ausreichen, um die Kartoffeln und Karotten ihrer Festigkeit zu berauben. Zieh nach dieser Zeit wieder den Topf von der heißen Platte und lass ihn langsam abkühlen.

Tja … eigentlich bist du schon fertig. Wenn der Druck die Flucht angetreten hat und du den Schnellkochtopf öffnen kannst, probierst du am besten von der leckeren Suppe. Obacht: Niemals direkt aus dem Topf kosten. Das macht man nicht. Nimm stattdessen eine Schöpfkelle und eine Tasse. Probiere aus der Tasse. Mit einem Löffel.

Würze abschließend gegebenenfalls mit etwas Salz und Pfeffer nach. Gemüsebrühe sollte nicht mehr nötig sein. Vielleicht noch ein wenig Majoran.
Serviere die Suppe. Wenn du möchtest kannst du dazu saure Sahne reichen. Ein EL davon in den mit Linsensuppe gefüllten Teller verfeinert diese.

Nichtvegetarier und Fleischfanatiker können kleingeschnittene Cabanossis in die

Suppe geben. (Das habe ich gemacht und es war ein Gedicht!)
Vegetarier verzichten auf diese wunderbare Beilage.

So, liebe Schnellkochtopffreunde, das war der theoretische Teil dieses Rezepts. Kommen wir zum praktischen. Was ich nun schreibe trug sich vor ungefähr 3h zu. Ist also echt noch frisch im Gedächtnis.

Mir ist die Suppe angebrannt. Jawohl! Frage mich nicht warum. Ich tippe auf die Linsen. Ich bin schon stutzig geworden, als ich nach dem ersten Kochgang keine Brühe mehr im Topf vorgefunden habe. Nur dicke, vollgesoffene, zufriedene Linsen. Ich kippte also noch Wasser nach.

Beim zweiten Kochgang mit den Karotten und Kartoffeln dann wollte sich einfach kein Druck aufbauen. Mein Schnellkochtopf zischte aus dem Ventil im Griff lustig vor sich hin, schaffte es aber einfach nicht, genügend Dampf zu erzeugen, um das System abzudichten. Das hat er noch nie getan! Ich stand die ganze Zeit daneben und schaute zu. Nachdem 13min nicht ausreichten, um Volldruck zu erzeugen, habe ich den Topf vom Herd genommen. Die Kartoffeln und Karotten müssten eh schon weich sein.

Ich schaute in den Topf … Die Linsensuppe sah sehr lecker aus. Mit einem Kochlöffel rührte ich um und …. ich merkte es gleich: Am Boden gab es dicken Satz. ANGEBRANNT! Mist.

Was ich nicht tat und was du auch niemals in dem Fall tun darfst ist zu versuchen, kräftig auf dem Boden herum zu schaben. Jedenfalls jetzt noch nicht. Stattdessen greifst du dir einen neuen Topf (es muss keinesfalls auch ein Schnellkochtopf sein) und kippst den Schnellkochtopf-Inhalt einfach in den neuen Topf um. Normalerweise verbleibt der angebrannte Teil im Schnellkochtopf. Es haftet sich richtig gut am Boden, denke ich. Habe beim Umkippen einfach ein wachsames Auge auf das, was da in den anderen Topf fließt.

So jedenfalls konnte ich die Suppe retten. Dummerweise hatte die Kochzeit des zweiten Kochgangs nicht ausgereicht, um die Karotten wirklich weich werden zu lassen. Die Kartoffeln waren ok. Die Karotten wiesen eine Konsistenz auf, die ich auf “knapp vor dem weichwerden” definieren würde. Man kann gut davon essen, wird aber bei jedem Karottenbiss daran erinnert, dass das letzte Quäntchen Weichmacher noch fehlt.

Dennoch … die Suppe schmeckt super gut. Mit den Cabanossis für mich ist diese Linsensuppe im Schnellkochtopf ein richtig gutes Essen. Und das, wo ich Linsen eigentlich gar nicht so mag. Ich habe 2 große Teller davon gegessen!

Die einzige Frage die sich mir jetzt noch stellt ist: Warum ist die Suppe angebrannt? Warum?

Eine mögliche Erklärung ist, dass einfach zu wenig Brühe im Spiel war. Linsen quellen beim Kochen auf und nehmen die sie umgebende Flüssigkeit einfach auf. Wenn dann keine Brühe oder kein Wasser mehr zum Schlürfen da ist, aber trotzdem weiter ein munteres Feuerchen unter dem Topfboden brennt, dann brennen die Linsen wohl an; wie alles andere eigentlich auch.
Oder ich habe die Garzeit nicht eingehalten. Das erscheint mir die wahrscheinlichere Ursache für das Anbrennen gewesen zu sein. Aber beschwören kann ich es heute nicht mehr. Vielleicht lag es jedoch auch an dem merkwürdigen Verhalten mit dem Druck beim zweiten Kochgang. Ich werde die Suppe auf jeden Fall noch einmal fabrizieren und dann mit Argusaugen darüber wachen. Wäre doch gelacht, wenn ich nicht dahinter kommen würde, was da schief gelaufen ist.

Hast du Erfahrungen mit Linsen oder Hülsenfrüchten im Schnellkochtopf? Schreibe mir über **http://www.schnellkochtopf-rezept.de.** Ich würde mich freuen.

Kein Braten und kein Eintopf

Vor das Kochen hat der Oberste Küchenchef verschiedene Tätigkeiten gestellt. Versteh mich nicht falsch, aber ich sehe Verrichtungen wie Kartoffeln schälen, Gemüse putzen oder Fleisch formen nicht unmittelbar als „Kochen“. Das sind vorbereitende Dinge die einfach zu tun sind. Das Kochen kommt dann später und baut auf den Vorbereitungen auf. Ob du mit einem Schnellkochtopf oder ohne kochen möchtest spielt dabei eine absolut untergeordnete Rolle.

Denk mal daran wie oft du vor dem Kochen Zwiebeln schälen und zerkleinern musst. Oder Paprikaschoten verarbeiten. Und wie machst du das? Wenn du bereits öfter kochst, wirst du damit keine großen Schwierigkeiten mehr haben. Aber ein angehender Hobbykoch hat seine Probleme mit diesem notwendigen Handwerk. Und glaube mir, nichts versaut einem das Kochen mehr, als wenn man nicht in der Lage ist beispielsweise Gemüse anständig zu putzen und klein zu kriegen.

Dieses Kapitel beinhaltet einige kleine Kniffe und Tricks, welche ich mir abgeschaut habe oder hinter die ich in wenigen gescheiten Küchenmomenten selbst gekommen bin. Ich hoffe, dass ich dir damit helfen kann.

Zwiebeln schneiden

Eine Zwiebel klein zu schneiden ist für viele ein Graus. Zu leicht geraten die einzelnen Schnittstufen durcheinander und verhindern ein zügiges, frustfreies Schneiden. Jedenfalls ging‘s mir jahrelang so. Bis ich dann in einer Kochsendung gesehen habe wie es einfacher geht. Deshalb sei an dieser Stelle eine kleine Anleitung erlaubt. Um es gleich vorweg zu nehmen: Das Ergebnis des folgenden Zwiebel-Tutorials sind kleine Zwiebelwürfelchen, wie sie gern in Salaten zur Anwendung kommen. Oder beim Tatar. Und für wahnsinnig viele weitere Rezepte.

Am besten organisierst du jetzt eine Zwiebel, ein Schneidebrett und ein Gemüsemesser.

Wichtiger Hinweis vorweg: Diese Anleitung ist für Rechtshänder geschrieben. Linkshänder müssen da etwas umdenken.

Du schneidest die entkleidete Zwiebel zunächst in zwei Hälften. Die klassische Form einer Zwiebel macht es dir dabei einfach, einen mittigen Schnitt anzubringen.

Ich dachte lange Zeit, dass dies sonnenklar beschrieben ist, bis jemand mich fragte, ob die Zwiebel nun quer oder längs geschnitten werden muss.

Meine Antwort: „Das ist ja ne spitzfindige Frage! Da lupf ich glatt anerkennend die Kochmütze. Die Halbierung passiert in einer gekonnten Längsteilung – genauer gesagt setzt du die Zwiebel auf ihren Strunk und teilst sie dann mit einem selbstbewussten Schnitt.“
Jetzt ist diese Unsicherheit aber auch ausgeräumt, ja?

Die Zwiebel verliert bei diesem brutalen Schritt glatt den Zusammenhalt und fällt auseinander.

Anschließend widmest du dich erst einmal der einen Hälfte, welche du mit der Schnittstelle nach unten auf ein Schneidbrett legst. Die Seite mit dem Strunk sollte zum Körper zeigen. Zu deinem Körper! Mit den Fingern der linken Hand fixierst du die Zwiebelhälfte an den Polen. Nun schneidest du mit der rechten Hand kleine Scheiben in die Zwiebel, beginnend von rechts.

Der Clou kommt jetzt: Du schneidest nicht bis zum Rand durch, sondert hältst kurz vor der vollkommenen Trennung der Scheibe inne. Danach setzt du das Messer neu an und schneidest eine weitere Fast-Scheibe. Die linke Hand gibt dabei immer mehr Zwiebel preis. Die Finger rutschen den linken Buckel der Zwiebel runter. Die rechte Hand säbelt weiter munter durch den freigelegten Zwiebelhügel.

So verfährst du weiter, bis du die linke Hand wegziehen musst, weil keine Zwiebel mehr darunter zu finden ist. Greife jetzt mit der linken Hand den zusammengeklappten Zwiebelkamm. Eine beherzte 90°-Wendung bringt uns dem Ziel (zur Erinnerung: eine kleingewürfelte Zwiebel) näher. Die linke Hand fungiert wieder als eine Art Schraubzwinge und mit der rechten Hand schneidest du nun erneut Scheiben. Bloß das nun keine Scheiben entstehen, sondern kleine Stäbchen, die bei genauer Betrachtung auseinanderfallen: In Würfelchen.

Noch ein wichtiger Hinweis: Man schneidet die Zwiebel nicht mit der Kante der rechten Hand - der sogenannten rechten Handkante, sondern man benutzt in selbiger Hand ein scharfes Messer, welches nicht zu groß sein sollte, damit man ein gewisses Maß an Feingefühl entwickeln kann.

Du hast deine erste halbe Zwiebel in Zwiebelwürfelchen verwandelt. Glückwunsch! Wenn es dir Spaß gemacht hat, übst du das Ganze jetzt noch einmal an der anderen Hälfte!

Das Schneiden einer Zwiebel lässt sich noch verfeinern.

Verbesserung für fortgeschrittene Zwiebelschneider

Der Zwiebelstrunk – also die Stelle der Zwiebel, an der die komischen grünen Dinger raus wachsen – ist nicht gern gesehen im Salat. Die etwas zähe Festigkeit stört den

Genuss. Diesen Strunk aus Zwiebelwürfeln zu entfernen artet schnell in eine überflüssige Puzzelei aus. Daher kann man auch den Strunk aus der gehäuteten Zwiebel einfach vor dem Kleinschneiden entfernen! Tataa! (Darauf bin ich übrigens selber gekommen! Ich glaube es manchmal selbst nicht.)

Nimm dazu die Zwiebel VOR dem Zerstückeln in die linke Hand, so dass dein waches Auge auf den Strunk fällt. Setze das Messer schräg an der Strunkkante an und drücke die Messerspitze ca. 1cm in die Zwiebel (Sammle deine eigenen Erfahrungen an dieser Stelle. Die optimale Tiefe des Zwiebelstichs variiert je nach Zwiebelgröße!). Drehe nun die Zwiebel an der Schneide des Messers entlang. Wenn du Maßarbeit geleistet hast fällt dir der Strunk aus der Zwiebel, sobald du diese nach unten drehst und den Strunk der Schwerkraft überlässt. Sei nicht beunruhigt, wenn der Strunk nicht von allein runterfällt. Es ist nicht die Schwerkraft die ihre Arbeit ungenügend verrichtet. Vielmehr kannst du leicht nachhelfen, indem du die Schnittkante des Kegelschnittes als Hebel benutzt und den Strunk elegant aus der Zwiebel herausschnippst.

Anschließend kannst du strunkfrei die Zwiebel zerkleinern!

Toolbox für Zwiebelschneider; das brauchst du, um eine Zwiebeln kurz und klein zu schneiden:

- Gemüsemesser
- Zwiebelschneider (Achtung: die sind für Weicheier. Erfahrene Zwiebelzerkleinerer greifen zum ersten Tool dieser Liste!)

Ganz genauso kannst du übrigens auch Knoblauchzehen fein“hacken“. Das funktioniert prächtig und mit der Zeit gelingt es dir, den Knoblauch ganz fein zu schneiden. Diese winzigen Knoblauchstückchen machen sich hervorragend bei der Zubereitung von Hackfleischbällchen!

Paprika richtig schneiden – So machst du es einfach richtig.

Neulich saß ich gemütlich vor der Kiste und zwitscherte so in der Twitterwelt herum. Dabei stolperte ich über einige Kochvideos, die erstens recht lustig anzusehen waren und zweitens, mir den einen oder anderen Kniff offenbarten. Man kann ja immer etwas lernen. Auch als Schnellkochtopfkoch weiß ich, dass vor dem finalen Kochgang immer diese zeitraubenden Vorbereitungstätigkeiten erledigt werden müssen. Ich denke da insbesondere an das beliebte Kartoffelschälen oder das Zwiebel schneiden oder das Probieren des richtigen Weins.

Recht häufig muss ich auch Paprikaschoten verarbeiten. Es hat sich im Laufe der kulinarischen Entwicklungen auf diesem Planeten durchgesetzt, Paprikas nicht einfach so als ganze Früchte in Töpfe zu werfen. Oder in Pfannen. Vielmehr können aufmerksame Esser beobachten, dass Paprikagemüse normalerweise in kleinen Würfelchen, in großen Stücken oder in Streifen zubereitet wird. Das kommt auf die Vorlieben des Kochs und auf das Gericht an. In Salaten bspw. werden sehr gern dünne Paprikastreifen verwendet. In Gulaschsuppe andererseits nehme ich gern Paprika in der "kleine Würfelchen"-Form. Ich kenne auch Mitbürger, welche hier die etwas größeren Stücke bevorzugen. Ich jedoch stehe mehr auf die kleinen, feinen Paprikastückchen.

Und dann gibt es ja noch ausgewählte Gerichte, deren Grundbestandteil weitgehend ganze Paprikas sind. Gefüllte Paprikaschoten werden ausschließlich in ganzen Paprikas zubereitet.

Wie du siehst, sind die Anwendungsgebiete der gemeinen Paprika in der Küchenkunst breit gefächert.

Eine Gemeinsamkeit haben alle Zubereitungsarten: Die Paprika muss vorher "ausgeweidet" werden, wenn ich kurz mal in den Jagdjargon abdriften darf. Mir gefällt die Anwendung des Wortes "ausweiden" im Zusammenhang mit der Paprika einfach zu gut. "Ausschlachten" geht auch. Ich bevorzuge inzwischen eine bestimmte Art und Weise des "Ausschlachtens".

Wie du bestimmt weißt, besteht die Paprika im Inneren nicht aus einem vollständig hohlen Hohlraum. Die Natur hat sich bestimmt einen Jux gemacht, als sie der Paprika ein nettes Innenleben in Form von vielen kleinen Samenkörnchen verpasst hat. Ich möchte fast Wetten abschließen, dass Mutter Natur sich heute noch vor Lachen schier ausschüttet, wenn Köche die Paprika-Innereien fluchend zu Biomüll verarbeiten, indem sie die Körnchen aus der Paprika heraus puhlen. Oder heraussprengen!

In einem der eingangs angesprochen Kochvideos verarbeitet die Köchin eine gelbe Paprika. Und was tut sie da: sie säbelt einfach an der Seite herunter. Geschickterweise macht sie das ohne Berührung des Kerngewebes. (Ich habe eben nachgeschaut: das heißt bei der Paprika wirklich Plazenta!). Die Köchin erspart sich das lästige Ausweiden der Paprika. Ok – sie bereitet ein Ratatouille-Tarte zu. Sie benötigt dazu keine ursprünglich erhaltene Paprikaschote, sondern kleine Paprikawürfelchen. Und sie braucht nicht die komplette Schote, sondern nur einen Teil der Paprika.

In diesem Fall finde ich die Art und Weise der Paprikastückchengewinnung sehr gut. Muss ich mir merken. Und ausprobieren! Ich muss mir nur überlegen, dass ich mit dem restlichen Paprikafruchtfleisch anfangen soll. Und wie ich die Kerne davon extrahiere. Ich benutze eigentlich gern so viel wie möglich von Gemüse oder Obst und neige weniger zur Produktion vermeidbaren Biomülls. Die gerade geschilderte Variante der Paprika-Zerteilung produziert vergleichsweise viel Abfall.

Ok. Wie gesagt – diese Paprika-Methode finde ich schon recht spannend. Sie ist aber nicht identisch mit meiner bevorzugten Methode. Im Gegenteil – ich mache das gewöhnlich ganz anders. Und ich habe mich auf die Suche nach einem Video gemacht, denn ich kann leider selbst keines herstellen. Ich habe keine Videokamera. Leider. (Ein Wink an wohlgesonnene Fans und Sponsoren!)

Bei meinen Recherchen bin ich auf ein Video gestoßen, welches das Ausweiden einer Paprika genauso beginnt wie ich es mache. Ich jauchzte auf, doch dann stockte mir der Atem als ich mit ansehen musste, wie der Kollege Paprikaschnitzer sich schier einen abbricht und am Ende noch sagt, wie einfach das war. [11]
Das Abschneiden des Paprikabodens befürworte ich auf das Heftigste! Bis dahin und in der Art und Weise wie es geschieht, gehe ich völlig konform. Was danach kommt zieht mir die Fußnägel hoch und ich muss mich überwinden, dass Video hier zu veröffentlichen. Ich tu es trotzdem – als abschreckendes Beispiel.

Es geht natürlich einfacher!

Wie bereits erwähnt schneide ich der Paprika ebenfalls den Boden weg. Du fixierst die Paprikaschote mit der linken Hand so auf dem Schneidebrett, dass die Seite mit dem Stiel nach rechts zeigt. Anschließend greifst du mit der rechten Hand zum Kochmesser und schneidest knapp unterhalb des Stielausgangs einfach durch die ganze Schote durch. Im günstigsten Fall klappt das rechte Ende der Paprikaschote nach unten und der Stiel fällt einfach so heraus. (Dies ist der perfekte Zustand, wenn du gefüllte Paprikaschoten machen möchtest, weil du so den abgeschnittenen Teil als „Deckel“ verwenden kannst!)

Ein neugieriger Blick in das offenbarte Innenleben zeigt uns die Paprika in Kammerform. Das eben gehänselte Anti-Paprika-Schneide-Video zeigt dies anschaulich.

---

[11] Das Video kann man leider nicht in einem Buch einbetten. Daher verweise ich an dieser Stelle einfach auf meine Internetseite.

Und jetzt kommt's!

Für Rechtshänder!

Schnapp dir die Paprika mit der linken Hand. Das geschlossene Ende ruht dabei auf deiner Handfläche, die offene Seite zeigt von der Hand weg! (Genauer geht's nun wirklich nimmer.) Mit den Fingern der rechten Hand fährst du nun in die Kammern der Paprika. Jede Kammer nur ein Finger! Greife zu und ziehe den ganzen Körnerkörper einfach heraus!
Bingo!
So einfach ist das.
Ich mache dies eigentlich immer über dem Biomüllhaufen oder dem -eimer. So purzeln widerspenstige Körnchen gleich dahin wo sie hingehören und ich kann das unnütze Zeug aus dem Inneren der Paprika einfach in den Müll fallen lassen. Damit spare ich mir Zeit beim Wegräumen der Abfälle und beim Wiederherstellen der "sauberen Küche" (was zum Kochen dazu gehört!)
Jetzt kann ich die Paprika mit Wasser ausspülen (was letzte Körnchen aus der Paprika wirft) und die pure, reine Paprika nach Lust und Laune weiterverarbeiten.

Ich würde diese Anleitung gern anschaulich per Video darstellen. Daher sei mir der Wink an meine noch nicht vorhandenen Fans und Sponsoren wiederholt. (Wink-Tipp: Zum Erstellen eines Videos braucht man eine Videokamera! Oder Camcorder! Und eine große Küche. Und Talent!)

Pellkartoffeln im Schnellkochtopf

Pellkartoffeln sind mindestens aus einem wichtigen Grund klasse: Man spart sich das Kartoffelschälen vor dem Kochen. Die Kochtätigkeit beginnt quasi ohne größere Vorarbeiten, denen es gelingen könnte die Lust und Freude am Kochen sofort abzuwürgen.

Im Schnellkochtopf gelingen Pellkartoffeln genau so einfach wie in einem gemeinen Kochtopf. Allerdings hat die Zubereitung von Pellkartoffeln im Schnellkochtopf mehrere Vorteile:

1. du brauchst nur wenig Wasser
2. du bist schneller
3. du kannst deinen Schnellkochtopf benutzen

Wenn Du im Schnellkochtopf deine Pellkartoffeln herstellen möchtest reinigst du die Kartoffeln kurz unter Wasser. Es sei denn du möchtest nach dem Kochen den Schnellkochtopf ausschippen. (Das kommt natürlich auf den Verschmutzungsgrad der Kartoffeln, die nicht umsonst “Erdäpfel” heißen!)
Anschließend setzt du den Siebeinsatz in den Schnellkochtopf und arrangierst die künftigen Pellkartoffeln gekonnt im Sieb. Du könntest diese auch nach Lust und Laune stapeln. Oder Kartoffel-Tetris spielen. Dem finalen Ziel der Pellkartoffeln bringt dich das aber keinen Schritt näher.

Anstatt nun den Schnellkochtopf bis zu den üblichen 2/3 zu fluten, kippst du höchstens eine große Tasse Wasser rein. Mehr nicht! Schließe nun den Schnellkochtopf.
Gib jetzt alles an Energie was der Herd bietet unter den Schnellkochtopf. Mit anderen

Worten – höchste Stufe auf der Herdplatte.

Wenn der Druck aufgebaut ist (was auf Grund der geringen Wassermenge recht zügig geht!), halbierst du die Energiezufuhr und belässt den Schnellkochtopf noch 5-7min auf dem Herd. Nach dieser wirklich kurzen Zeit unterbindest du die Energiezufuhr ganz und schaltest die Herdplatte aus.
Während der Druck im Inneren des Schnellkochtopfs nun nach und nach abgebaut wird, garen die Pellkartoffeln weiter. Ganz ohne Stromverbrauch!
Erfahrungsgemäß solltest du an dieser Stelle vermeiden, den Druck schneller abbauen zu wollen. Wenn du mit aller Macht so richtig "Dampf ablässt" kann es dir passieren, dass deine bis dahin noch so genialen Pellkartoffeln sich in einen unansehnlichen und noch schwerer nutzbaren Kartoffelbreihaufen verwandeln. (Wenn du mir nicht glaubst - probiere es. Schicke mir Bilder von den Schnellkochtopfinnereien.)

Übe dich also in Geduld bis der Druck von allein das Weite gesucht hat. Diese Zeit lässt sich beispielsweise nutzen, um sich über das enorme Sparpotential klar zu werden, wenn du Pellkartoffeln im Schnellkochtopf zubereiten. Lesen geht auch. Ein guter Schluck Wein verkürzt die Wartezeit auch auf angenehme Art und Weise. Oder du wendest dich der Hauptmahlzeit zu, deren Beilage die Pellkartoffeln sein dürfen.

Nur eines bleibt dann noch: Du musst die Pellkartoffeln noch abpellen. Das nimmt dir auch der beste Schnellkochtopf nicht ab. Noch nicht ....
Für alle, die nicht wissen, was sie mit Pellkartoffeln anfangen sollen: probiert mal Pellkartoffeln mit Quark, Butter und Leberwurst. Total einfach. Total schnell, Total billig. Total Lecker. (Rezept folgt noch!)

Das ist nun das totale Ende dieses spannenden Artikels zur Herstellung von Pellkartoffeln im Schnellkochtopf.

Es ist wirklich so einfach wie ich es beschrieben habe. Stehen Pellkartoffeln auf dem

Speiseplan nutze ich seit meinem ersten Versuch immer den Schnellkochtopf dazu.

Eines habe ich nämlich noch vergessen zu erwähnen: Gewöhnlich müssen Kartoffeln abgeschreckt werden, wenn sie aus dem heißen Wasser kommen. Nur dann lassen sich herkömmliche Kartoffeln richtig gut schälen. Oder auch nicht. Oft ist es eine wahre Schinderei und ein nerviges Kleinklein, die Kartoffeln ihrer Schale zu berauben. Der Oberhammer kommt jetzt: Kartoffeln aus dem Schnellkochtopf lassen sich viel, viel leichter schälen! Die ersten Pellkartoffeln, welche ich mit dem Schnellkochtopf zauberte, ließen sich ohne Abschrecken einfach so schälen. Die Kartoffelschale ging spielend leicht und wie von selbst ab. Ich war vollkommen von den Socken. Ein Traum! Probiere es aus und du wirst begeistert sein.

Spargel im Schnellkochtopf?

Tipps zur Spargelzeit und die Frage: Kann man Spargel im Schnellkochtopf kochen?

Die Spargelzeit naht jährlich wiederkehrend. Der Spargel wird gestochen (aua) und erfreut uns Hobbygourmets mit leckeren Zubereitungsarten. Bevor ich nun gleich die Frage aller Fragen stelle und auch versuchen werde, eine Antwort zu geben, möchte ich zunächst ein wenig Informationen rund um den Spargel zusammentragen. (Falls du nicht weißt, welches nun die Spargel-Frage Nummer 1 ist … Natürlich: Kannst du Spargel im Schnellkochtopf kochen? Die Antwort kommt weiter unten.)

Für viele Menschen ist es verwunderlich, dass es neben dem gemeinen "Spargel im Glas" oder dem "Spargel in der Dose" tatsächlich den frischen Spargel gibt. Sogar in grün oder weiß. Diese Verwunderung krabbelt alle Jahre wieder so zwischen Ende April und Juni aus der Versenkung. Dann ist nämlich Spargelzeit. In dieser Zeit wird der Spargel “gestochen”. Das klingt ziemlich martialisch, aber das Spargelstechen ist kein blutiges Gewerbe. Beim Spargelstechen wird vielmehr mit Hilfe eines Spargelstechers der Spargel aus der Erde geholt. Spargel ist nämlich ein Wurzelgemüse und damit man die Wurzel nicht durch umwälzende Erdarbeiten freilegen muss, wird ein langer schraubenzieherartiger Spargelstecher genutzt. Außerhalb der Spargelzeit kann man den Spargelstecher als Unkrautwaffe im Garten verwenden. Vielleicht rührt daher die Verwandtschaft mit dem gemeinen Löwenzahnstecher.

Weißer Spargel – grüner Spargel

Ich habe bereits anklingen lassen, dass es weißen und grünen Spargel gibt. Warum? Der Unterschied ist ganz einfach erklärt: der weiße Spargel wächst unter der Erde, dem grünen Spargel gefällt es oberirdisch besser. Da der grüne Spargel so mehr Sonne und Frischluft abbekommt, als sein Albino-Verwandter verfügt der grüne Spargel über mehr Vitamine als der weiße Spargel. Er schmeckt auch intensiver und kräftiger. Allerdings bevorzugen viele Mitmenschen den weißen Spargel – weil er so spargelig schmeckt.

Spargel schälen

Spargel muss vor dem Kochen geschält werden. Zur Spargelsaison ist es glücklicherweise auf vielen Spargelhöfen Usus, dass bereits auf dem Hof maschinell vorgeschält werden kann. Zumindest hier am Bodensee ist das so. Das erleichtert das Spargelkochen ungemein. Hast du ungeschälten Spargel schnappst du dir einen Gemüseschäler und schälst den Spargel vom Kopf in Richtung Schnitt. Also von oben nach unten. Profis greifen zum speziellen Spargelschäler.

Zusammenfassend kannst du in folgendem Regelwerk mentalen Halt in der Spargelzeit finden:

- Grüner Spargel muss nicht geschält werden.
- Weißer Spargel muss geschält werden.

Spargel kochen

Der geschälte oder ungeschälte Spargel wird in reichlich Wasser mit Salz, Butter und etwas Zucker gekocht. So nach 15 – 20min Kochzeit ist der Spargel soweit – dann ist er weich. Ist er auch nach 30min noch nicht weich, prüfe ob du nicht vielleicht Holz kochst! Testen kannst du den Spargel mit einer Gabel, die du leicht aber mit Bestimmtheit in den Spargel stechen kannst. Bei zu großem Widerstand ist der Spargel gut für kräftige Hauer und Kiefer; das Gros der Spargelesser bevorzugt den Spargel jedoch weich, aber nicht zerkocht. Hier hilft nur probieren.

Da Spargel aber doch recht lang ist, scheitert das Kochen oft schon am entsprechenden Kochtopf. Findige Kochköpfe haben dafür entsprechende Spargelkochtöpfe entwickelt.[12]

Spargel lagern

Oft kauft man mehr Spargel als man auf einmal essen kann. Was machst du nun mit dem "überschüssigen" Spargel?

Du kannst den Spargel gut und gern bis zu 3 Tage lagern. Damit der Spargel nicht austrocknet und sich damit der Konsistenz von Holz nähert wickelst du den Spargel in ein feuchtes Küchentuch. So hält sich Spargel am besten. Allerdings solltest du zusehen, den Spargel innerhalb der 3 Tage auch zu essen. Und bis zum Verzehr das Küchentuch feucht hältst. Ansonsten hast du ziemlich teuren Biomüll gekauft.

Andererseits kannst du den Spargel aber auch einfrieren. Dazu muss der Spargel geschält, geköpft und entfusst werden. Also oben und unten abschneiden. Dann ab in die Gefriertruhe. Gelüstet es dich im Herbst dann nach Spargel schmeißt du den gefrorenen Spargel einfach in heißes Wasser und kochst gleich los. Auftauen ist blöd bei Spargel!

[12] Stets aktuell: Spargeltöpfe im Angebot: http://www.schnellkochtopf-rezept.de/spargel

Soviel Weisheit zum Spargel, der Spargelzeit und dem Spargelstechen soll erst mal reichen.

Kann man Spargel im Schnellkochtopf kochen?

Ja – man kann. Auch wenn mich viele jetzt vierteilen oder mit Spargelspitzen bewerfen wollen – Spargel im Schnellkochtopf funktioniert!

Der geschälte Spargel wird in den Schnellkochtopf befördert. Etwas Salz und Zucker dazu. Ein gutes Stück Butter gehört auch rein. Deckel rauf und Zunder unter den Topf. Wenn die zweite Garstufe erreicht ist, nimmst du den Schnellkochtopf einfach von der heißen Herdstelle und lässt ihn abkühlen. Beschleunige das auf keinen Fall durch gieriges Dampfablassen oder den "kaltes Wasser"-Trick. Lass dem Schnellkochtopf einfach Zeit. Der Spargel ist nach dem Druckabbau fertig. Und .... ziemlich oft genau richtig. Ich hätte es nicht geglaubt, kann es aber aus eigener Erfahrung sagen.

Gewiss – es grenzt an Wahnsinn, so teures Gemüse in einen Schnellkochtopf zu stecken. Allein die Idee – Spargel im Schnellkochtopf zu kochen – treibt Köche reihenweise in die Kochklapse. Wenn du das nicht probieren willst – deine Sache. Es definitiv kein Verbrechen, Spargel zünftig im Spargeltopf zuzubereiten. Gewiss nicht. Ich mach das auch noch sehr gern. Aber wir sind hier auf einer Schnellkochtopf-Seite und ich kann sagen: Spargel im Schnellkochtopf kochen geht. Nur Mut – probiere es mal aus!

5 Messer, die in deiner Küche nicht fehlen dürfen

Die Kochmesserfrage! Keine Ahnung wie ich gerade auf die Frage nach dem besten Kochmesser oder den besten Küchenmessern komme. Ein gedachtes Messer schnitt geradezu scharf durch die Gedankengänge und hinterließ das Verlangen, der Frage nach den besten Küchenmessern in einem Artikel auf den Grund zu gehen. Und da sitze ich nun. Welche Küchenmesser braucht man unbedingt in einer gutsortierten Küche? Immerhin gibt es gnadenlos viele Messerarten: Kochmesser, Brotmesser, Gemüsemesser, Schälmesser, Fleischmesser, Officemesser, Obstmesser, Kuchenmesser, scharfe Messer, stumpfe Messer, (Blut)Druckmesser … Von den Messer-Marken ganz zu schweigen.

Lass mich also mal einen Blick in meinen Messerblock werfen. Die folgende Auflistung meiner Küchenmesser ist willkürlich und gehorcht nicht irgendeiner Sortierung. Auf die einzelnen Messerarten gehe ich gleich noch einmal ausführlicher ein:

1. großes Kochmesser mit breiter Schneide; zur Spitze nach oben gezogen
2. Fleischmesser mit schmaler Klinge
3. Brotmesser mit Wellenschliff
4. Gemüseschälmesser
5. Gemüsemesser mit Wellenschliff

Das ist meine Ausstattung. Das Kochmesser, das Fleischmesser sowie das Brotmesser habe ich mir vor vielen Jahren von einem Direktvertrieb gekauft. Man kann über den Verein sagen was man will, aber den Kauf der Messer habe ich nicht bereut.

Das Kochmesser

Das Kochmesser ist für mich unverzichtbar geworden. Es wirkt mächtig und groß mit seiner breiten Klinge. Es sieht gefährlich aus.

Es ist absolut hilfreich beim Schneiden von großem Gemüse, wie Paprika, Sellerie, Gurken usw. Auch hartes Gemüse wie Karotten sind kein Problem. Außerdem ist das Kochmesser wie kaum was anderes geeignet, um z.B. Petersilie kleinzumachen. Durch die vom Schaft zur Spitze gebogene Schneide kann ich wunderbar durch das Grün wiegen und so mit geringem Aufwand an Kraft und Zeit die Petersilie kleinwiegen. Ich brauche dafür kein Wiegemesser. (Ich würde aber gern mal mit einem spielen!)

Gerade für Suppen oder Gemüsepfannen bevorzuge ich bspw. Karotten in kurzen Stiften. Mit dem großen Kochmesser schneide ich die Karotten einmal in der Mitte durch, dann schneide ich die Hälften der Länge nach in Scheiben, die Scheiben in lange Stifte und die langen Stifte in kurze. Mit einem kurzen Gemüsemesser tu ich mir da schwer; mit einem großen Kochmesser geht mir das spielend leicht von der Hand.

Das Fleischmesser

Ein Fleischmesser – von manchen auch Schinkenmesser genannt – zeichnet sich durch eine scharfe, schmale Klinge aus. Wie der Name es schon vermuten lässt ist ein Fleischmesser für das Schneiden von Fleisch zuständig. Ein gutes, scharfes Fleischmesser geht durch Fleisch wie durch Butter.

Selbst Sehnen lassen sich mit ihm (relativ) problemlos vom Fleisch trennen. Sehnen? Du kennst diese Putenschnitzel aus dem Supermarkt mit dieser weißen Haut oder den dicken weißen Streifen im Fleisch? Das sind Sehnen und die können den Genuss des Putenschnitzels trüben. Deshalb entfernt man diese Störenfriede vor der Zubereitung. Mit einem normalen Küchenmesser wirst du dabei keine Freude haben. Mit einem Fleischmesser geht das piepe einfach.

Auch wenn du größere Mengen Fleisch zerkleinern musst wirst du für ein scharfes Fleischmesser dankbar sein. Es ist ungleich müheloser und kraftschonender mit einem Fleischmesser zu arbeiten als mit einem gewöhnlichen Küchenmesser.

Das Brotmesser

Ein Brotmesser erkennst du leicht an dem Wellenschliff der Klinge. Brotmesser erleichtern dir das Schneiden von fast jeglicher Art von Backwaren.

Ich gebe zu, dass mein Brotmesser mein Favorit ist. Auch wenn ich es eigentlich nur zu sehr gezielten Aktionen benötige: zum Schneiden von Brot. Wer hätte das gedacht, was? Aber ich erinnere mich noch heute daran, welches Drama es war, gerade Scheiben von einem Brotlaib zu schneiden. Ich schnitt schief, ich rutschte ab, ich schnitt versetzt – ich schnitt keine "Schnitten" ab (der Sachse sagt "Bemme"), ich säbelte ein krümeliges Dings vom Laib, welches in glücklichen Zufallsmomenten als Stulle (so kann man das auch nennen) durchgehen konnte.

Dann erstand ich das Brotmesser. Und ich war glücklich. Denn damit schneide ich nun sogar dünnste Scheiben Brot. Ich zerteile in rasender Schnelle ganze Baguettes in kleine Schnittchen. Ich brauche viel weniger Kraft zum Schneiden von Brot.

Das Gemüseschälmesser

Immer wenn das Gemüse verdreckt ist oder zu klein, um es mit einem Gemüseschäler zu schälen, greife ich zum Schälmesser. Ich schnappe mir das auch, wenn ich Obst zubereite – z.B. Birnen oder Äpfel zerteile und dann achtel. Ich könnte letzteres auch mit dem Kochmesser machen, aber ich habe mir das nicht angewöhnen können. Schon nach kurzer Zeit geht der Griff wieder zum kleinen, handlichen Gemüseschälmesser.

Gerade das Kartoffelschälen wird mit einem Gemüseschäler schwer, wenn die Kartoffeln eine gewisse Mindestgröße unterschreiten. Dann leistet mir ein gutes

Gemüseschälmesser wirklich hervorragende Dienste.

Das Gemüsemesser mit Wellenschliff

Wenn ich mal groß bin kauf ich mir ein Officemesser![13] Obwohl ich vor vielen Wochen nicht mal wusste was ein Officemesser ist. Dabei verwendete ich so einen kleinen Abklatsch eines Officemesser bereits genau richtig: zum Schneiden von Tomaten ist dies das absolut richtige Messer! Oder aber ein Gemüsemesser mit Wellenschliff.

Thema: Tomaten schneiden! Mach das mal mit einem ungezahnten Messer. Du versuchst in die Haut der Tomate einzudringen, um diese in Scheiben zu schneiden. Was passiert? Du drückst und quetscht das Messer in die Tomate. Der Saft spritzt heraus. Es ist die Tomatenhölle.

Jetzt nimm ein Gemüsemesser mit Wellenschliff .... du schneidest mit Hilfe dieses Gemüsemessers leicht und ohne große Quetsch-Kraft in die Tomate. Du schneidest die Tomate mühelos in Scheiben. Es ist herrlich. Ein erbaulicher Vorgang mit einem Wellenschliff-Gemüsemesser. Die gibt's für wenig Geld überall zu kaufen. Und du solltest eines haben!

Wenn du mal viel Geld übrig hast, dann tausche aber das Wellenschliff-Gemüsemesser gegen ein Officemesser mit feiner Zahnung aus. Die Dinger sind genauso scharf wie teuer. Sehr, sehr scharf. Unter Umständen unglaublich teuer. Für ein Küchenmesser! Sollen aber auch geradezu herzerweichend toll sein, diese Officemesser.

Ok ... jetzt weißt du mit welchen Küchenmessern ich so hantiere.

---

[13] Nein – ein Officemesser ist kein Messer fürs Büro. Obwohl ich grundsätzlich daran denken muss, wenn ich den Begriff lese. Aber in Wirklichkeit meine ich diese Messer: http://www.schnellkochtopf-rezept.de/officemesser

Und zum Abschluss noch einen Tipp: Küchenmesser sind ideale Geschenkideen. Man kann sie leicht verschenken, aber auch sich selbst schenken lassen. Doch dann denk dran, was zurück zu schenken, sonst zerschneiden geschenkte Messer die Freundschaft! Sagt man landläufig …

Kräuter frisch halten

Wir hatten es heute davon: Wenn mal wieder viel zu viel frische Küchenkräuter eingekauft wurden – was macht man damit?

Man stolpert durch den Supermarkt oder den bäuerlichen Hofladen und deckt sich mit frischen Kräutern ein. Das Suppenrezept oder der Salat verlangen danach. Aber die Rezepte schreiben nie den Gebrauch eines ganzen Bündels Petersilie oder Oregano vor! Stattdessen muss ich diese Kräuter immer als "Massenware" kaufen. Und dann? Dann verwende ich vielleicht die Hälfte davon und der Rest wandert erst einmal in ein Glas mit Wasser. Es sind ja Pflanzen und die brauchen Wasser.
Nach ein paar Tagen ist kein Wasser mehr im Glas und die Kräuter hat in der Zwischenzeit kein Mensch gebraucht. Die Folge: Kräuterstroh, welches Heerscharen von Obstfliegen als Heimstatt dient.
Im Grund genommen kann ich das Geld auch anders zum Fenster rauswerfen.

Doch was mache ich jetzt mit dem ganzen übrig gebliebenen Kräutern? Wie lagere ich die halbwegs frisch? Sagen wir mal bis zum kommenden Wochenende, wenn wieder verschärft gekocht wird?

Ein Lösungsvorschlag, der mich heute erhellte: Frische Kräuter packt man in eine Frischhaltetüte, die leicht aufgeblasen und dann verschlossen in den Kühlschrank befördert wird. Ich habe mir sagen lassen, dass ein Tüten-Luftballon eindeutig zu sehr aufgeblasen ist. Außerdem nimmt der Kräuter-Ballon zu viel Platz im Kühlschrank weg.

Was man nicht machen sollte ist, gleich die ganzen Kräuter “vorzuzupfen” oder zu zerkleinern und dann im Kühlschrank lagern zu wollen. Das klappt nicht. Kräuter sind da sehr sensibel und verlieren ihr Aroma. In dem Fall sollte man wohl eher dazu übergehen, die zerkleinerten, gehackten Kräuter luftdicht in den Gefrierschrank zu legen.

Die ganz andere Alternative ist natürlich der eigene Kräutergarten. Dem entnimmt man nur das, was man gerade braucht.

Der Teebeutel-Trick

Gerade bei den ganzen Suppenrezepten weise ich immer wieder darauf hin, dass nach der Entnahme des Siebeinsatzes oftmals vorwitzige Wacholderbeeren, Pimentkörner oder Nelken die Flucht in die Brühe antreten. Ich habe es früher gehasst, wenn ich beim freudigen Löffeln der Suppen plötzlich auf eine Nelke gebissen habe. Das ist schon schlimm. Noch ekliger fand ich den spontanen Genussvorstoß einer Wacholderbeere. Bäh. Widerlich. Damit konnte man mir das ganze leckere Essen versauen.

Deshalb achte ich beim Kochen immer akribisch darauf, dass kein noch so kleines Gewürzkörnchen in der Brühe verbleibt. Ich fische und angel ja gern nach den flinken Beeren. Die Lust daran schwindet mit jedem vergeblichen Versuch, ihrer habhaft zu werden. Den Einsatz eines Siebes schließe ich jedoch kategorisch aus, weil mir vor dem zusätzlichen Abwasch schaudert.

Es gibt aber einen Trick, den ich hier unbedingt noch loswerden möchte: den Teebeutel-Trick!

Du kennst diese Teefiltertüten, in die man losen Tee portionsweise einlöffelt und diese dann in einer Tasse mit heißem Wasser übergießt? Nein? Ich kannte die lange Zeit auch nicht und es bedurfte einer Frau, um mich auf diese Dinger aufmerksam zu machen. Ich war nie eine großer Teetrinker und wenn es mich aus rein medizinischen Gründen dazu hinzog, dann nutzte ich immer die fertigen Teebeutel – also die mit dem Tee darin. Dass es die Teefiltertüten auch in leerem Zustand und viel größer als normale Teebeutel gab ignorierte ich viele Jahre erfolgreich.

Eines schönen Tages aber kochte ich wieder irgendetwas potentiell sehr schmackhaftes. Ich weiß nicht mehr, was ich da kochte, aber es spielt auch keine große Rolle für das, was ich dir gerade stecken will.

Wenn Du also mal wieder eine Brühe kochen möchtest oder einen Braten in viel Rotweinsoße oder Gemüsebrühe, dann wirst du wohl ein paar Wacholderbeeren, Pfefferkörner, Pimentkörner und vielleicht ein oder zwei Nelken dazu werfen wollen. Ein Lorbeerblatt darf auch nicht fehlen. Der zu erwartende Geschmack treibt den ambitionierten Hobbykoch einfach dazu. Du kannst also diese Gewürze einfach in die Brühe schmeißen und dich auf das anschließende Hasche-Spiel mit den Körnern freuen. Oder aber du schnappst dir eine Teefiltertüte, wirfst die Beeren und Nelken und Blätter dort hinein, verschließt die Tüte und haust diese in den Topf zu den anderen Sachen. Na – das ist mal ein Ding. Ich war das erste Mal ziemlich perplex als ich das ausprobierte.

Das Funktionsprinzip ist aber sehr einleuchtend. Solche Filtertüten sind ja so

konstruiert, dass die ganzen Teekrümel drinnen festgehalten werden, währenddessen das Aroma durch die dünnporigen Wände krabbelt. Nachdem man den Filter aus dem Wasser nimmt, bleibt der pure Geschmack in der Tasse.
Genauso funktioniert das mit den Gewürzen!
Während der gefüllte Teebeutel in der vor sich hin kochenden Brühe schwimmt, gibt er die Aromen der in ihm enthaltenen Gewürze an die Brühe oder Soße ab. Der Clou ist dann das Ende des Prozederes: Ein großer Teebeutel lässt sich ungleich leichter aus einem Topf fischen, als 4 – 13 Körner und Blätter.

Das ist ein echter Powertipp! Probiere es unbedingt mal aus und du wirst öfter auf diesen Trick zurückgreifen. Das kann ich dir versprechen!

Nachwort

Vielen Dank, dass du dieses Buch gekauft hast.

Ich hoffe, du bist nicht allzu sehr enttäuscht, dass es nicht die Unmenge an Rezepten beinhaltet, die du vielleicht erwartet hast. Es handelt sich um reine Grundlagenrezepte. Für kulinarisch-extravagante Sachen bin ich nicht der Typ. Noch nicht, möchte ich sagen, denn hin und wieder erstaunt es mich selbst, was für komische Sache ich probieren will. Und es dann auch tu!

Dieses Buch ist zunächst einmal die Essenz meiner Internetseite http://www.schnellkochtopf-rezept.de. Dort kannst du immer wieder reinschauen und hoffen, dass eine oder andere neue Rezept für den Schnellkochtopf zu finden. Denn ich werde weiterkochen. Auch mit dem Schnellkochtopf. Ich bin mir sicher, dass es noch einige weitere Rezepte für den Schnellkochtopf gibt, die ich unbedingt nachkochen und variieren will. Nur welche?

Kennst du Rezepte die definitiv in ein Rezeptbuch zum Thema Schnellkochtopf gehören? Die in diesem Buch fehlen?
Besuche meine Internetseite oder werde ein Fan auf Facebook! Schreibe mir dein Rezept, einen Link zu einem Rezept und ich werde deinen Tipp beherzigen. Du kannst mir auch deine ganz persönlichen Erlebnisse mit deinem Schnellkochtopf schreiben. Ich würde mich darüber sehr freuen.

Wenn alles gut geht und ich mich zukünftig nicht selbst ums Leben koche, wird es vielleicht eine Erweiterung dieses Buches geben. Mit neuen Rezepten. Im gleichen Stil. Denn ich vermute, dass ich auch weiterhin nicht umhin kann aus einer kleinen Kochmücke einen Schnellkochtopf-Elefanten zu machen.

Letztlich hoffe ich, dass du Spaß mit den Schnellkochtopf-Rezepten hast. Wenn ich dich davon überzeugen konnte, dass Kochen - und speziell selber kochen – richtig Spaß machen kann, dann wäre das für mich ein großer Erfolg.

In diesem Sinne wünsche ich dir auch weiterhin kulinarische Neugier und einen fleißigen Kochlöffel!

Dein Jörg Dutschke
Schnellkochtopf-Koch aus Leidenschaft

Danksagung

Ich möchte mich an dieser Stelle bei meinen Eltern bedanken, die mich vom „selber kochen“ überzeugten, als ich Anfang der Dreissiger war. Ohne sie wäre ich vielleicht nicht vom Dosenfutter weggekommen.

Natürlich bedanke ich mich bei meiner Familie, weil sie immer so tapfer das isst, was ich auf den Tisch bringe. Außerdem danke ich ihnen für ihre Geduld und ihr Verständnis, wenn ich abends unserem Computer in Beschlag nahm und am Manuskript für dieses Buch feilte. Ich bedanke mich bei ihnen für die Toleranz, welche sie mir entgegenbringen müssen, wenn ich nach dem Kochen und nach dem Essen oft gleich an den Rechner eile, weil ich das Rezept notieren muss.

Selbstverständlich geht mein Dank auch an Frau Rudenco von bloggingbooks.de. Ich war ehrlich überrascht, als ihr Angebot zur Veröffentlichung meiner ausschweifenden Schreiberei auf http://www.schnellkochtopf-rezept.de eintrudelte. Ich danke Frau Rudenco für ihre Geduld mit mir und ihre Hinweise und Tipps bei der Gestaltung dieses Buches. Auch wenn es mitunter schwer und irreführend ist, ausschließlich per Email zu einem Buch zu kommunizieren, haben wir es doch noch geschafft. Vielen Dank dafür!

Mein Dank geht auch an meine Freunde und Fans, welche diesem Buch bereits entgegenfiebern. Das tut ihr doch, oder?
Immerhin orakelt ihr doch immer herum, dass ich ein Buch schreiben soll. Das habt ihr jetzt davon! ☺

Printed by Books on Demand GmbH, Norderstedt / Germany